EL LIBRO DE DEUTERONOMIO CON ILUSTRACIONES

EXPLICADO VERSO POR VERSO CON REVELACIÓN

LA FORMACIÓN DE LA NACIÓN EN EL DESIERTO.

PRÓLOGO

Este libro se llamó La "Segunda Ley." El mismo se divide en cinco partes. La primera contiene la introducción. La segunda contiene el primer discurso de Moisés. La tercera, el segundo discurso de Moisés. La cuarta, el tercer discurso de Moisés. La quinta; lo sucedido en los últimos días de Moisés.

Este es el último libro de la Ley. El conjunto de los cinco libros escrito en el idioma Hebreo, conocido como "El Pentateuco", consta de 603,550 letras, hebreas; mismo número de soldados salidos de Egipto.

MOISES RECUERDA A ISRAEL LAS PROMESAS DE JEHOVA EN HOREB
CAPÍTULO 1

1-2: "Estas son las palabras que habló Moisés a todo Israel a este lado del Jordán en el desierto, en el Arabá frente al Mar Rojo, entre Parán, Tofel, Labán, Hazerot y Dizahab. Once jornadas hay desde Horeb, camino del monte de Seir, hasta Cades-barnea."

Estaban a punto de finalizar los cuarenta años de peregrinación por el desierto: Ante ellos se presentaba un nuevo y agradable escenario. Una nueva generación se ha levantado. Entonces Moisés le repite la ley al pueblo que era muy joven cuando salió de Egipto, y a los que nacieron y se criaron en el desierto.

Verso 3-8: "Y aconteció que a los cuarenta años, en el mes undécimo, el primero del mes habló a los hijos de Israel conforme a las cosas que Jehová le había mandado acerca de ellos, después que derrotó a Sehón rey de los amorreos, el cual habitaba en Hesbón, y a Og rey de Basán que habitaba en Astarot en Edrei.

"Desde este lado del Jordán, en tierra de Moab, resolvió Moisés declarar esta ley, diciendo: Jehová nuestro Dios nos habló en Horeb, diciendo: Habéis estado bastante tiempo en este monte. Volveos e id al monte del amorreo y a todas sus comarcas, en el Arabá, en el monte, en los valles, en el Neguev, y junto a la costa del

mar, a la tierra del cananeo, y al Líbano, hasta el gran río, el río Éufrates.

"Mirad, yo os he entregado la tierra; entrad y poseed la tierra que Jehová juró a vuestros padres Abraham, Isaac y Jacob, que les daría a ellos y a su descendencia después de ellos."

En el mes undécimo, el mes de Shebat, el día primero, Moisés le dio un discurso al pueblo, recordándole las cosas que sucedieron a sus padres para que no cometieran las mismas infracciones que aquéllos.

Aquí les recuerda que sólo en once jornadas el Señor los había llevado a las puertas de Canaán, y les había dado órdenes de penetrar a la tierra y poseerla. Si ellos hubieran obedecido el Señor les hubiera concedido una extensión tan inmensa que la frontera hubiera sido en el río Éufrates, en Babilonia.

NOMBRAMIENTO *DE JUECES*

(Estudiar Éxodo 18:13-27)

8-13: "En aquel tiempo yo os hablé diciendo: Yo solo no puedo llevaros. Jehová vuestro Dios os ha multiplicado, y he aquí vosotros sois como las estrellas del cielo en multitud. Jehová Dios de vuestros padres os haga mil veces más de lo que ahora sois, y os bendiga, como os lo ha prometido. ¿Cómo llevaré yo solo vuestras molestias, vuestras cargas y vuestros pleitos? Dadme de entre vosotros, de vuestras tribus, varones sabios y entendidos y expertos, para que yo los ponga por vuestros jefes.

"Y me respondisteis y dijisteis: Bueno es hacer lo que has dicho. Y tomé a los principales de vuestras tribus, varones sabios y expertos, y los puse por jefes de millares, de centenas, de cincuenta y de diez, y gobernadores de vuestras tribus.

"Y entonces mandé a vuestros jueces, diciendo: Oíd entre vuestros hermanos, y juzgad justamente entre el hombre y su hermano, y el extranjero. No hagáis distinción de persona en el juicio; así al pequeño como al grande oiréis; no tendréis temor de ninguno, porque el juicio es de Dios y la causa que os fuere difícil, la traeréis

a mí, y yo la oiré. Os mandé, pues, en aquel tiempo todo lo que habíais de hacer."

Moisés le cuenta a la nueva generación la forma en que gobernó al pueblo, bajo el mandato del Señor. Él les había puesto jueces justos que juzgaren todas en todas las cosas al pueblo, sin hacer acepción de personas, porque vivían en la presencia del Dios de Israel.

Él se alegra mucho del crecimiento del pueblo, y les hace saber que él no tuvo ambición de monopolizar la primera magistratura, ni de gobernarles él solo como rey absoluto, ni que escogió a sus propios hijos, sino a varones sabios para que le ayudaran a juzgar al pueblo. El Señor era quien escogía, y él obedecía.

MISIÓN DE LOS DOCE ESPÍAS
(Estudiar Números 13:1-33)

19-25: "Y salidos de Horeb, anduvimos aquel grande y terrible desierto que habéis visto por el camino del monte del amorreo como Jehová nuestro Dios nos lo mandó; y llegamos hasta Cades'-barnea. Entonces os dije: Habéis llegado al monte del amorreo, el cual nuestro Dios nos da.

"Mira, Jehová tu Dios te ha entregado la tierra; sube y toma posesión de ella, como Jehová el Dios de tus padres te ha dicho; no temas ni desmayes. Y vinisteis a mí todos varones y dijisteis: Enviemos varones delante de nosotros que nos reconozcan la tierra, y a su regreso nos traigan razón del camino por donde hemos de subir, y de las ciudades adonde hemos de llegar.

"Y el dicho me pareció bien; y tomé doce varones de entre vosotros, un varón de cada tribu. Y se encaminaron y subieron al monte, llegaron hasta el valle de Escol, y reconocieron la tierra. Y tomaron en sus manos del fruto del país, y nos lo trajeron, y nos dieron cuenta, y dijeron: Es buena la tierra que Jehová nuestro Dios nos da."

Moisés les cuenta historia de los doce espías que enviara a reconocer la tierra de Canaán. El pueblo había llegado a las puertas de la tierra. Dios estaba listo a meterlos en ella. El dicho le pareció bien a él, pero no a Dios. Los espías fueron y vieron la tierra y trajeron con ellos frutos del país.

26-28: "Sin embargo, no quisisteis subir, antes fuisteis rebeldes al mandato de Jehová vuestro Dios; y murmurasteis en vuestras tiendas, diciendo: Porque Jehová nos aborrece, no ha sacado de tierra de Egipto, para entregarnos en manos de amorreo para destruirnos.

"¿A dónde subiremos? Nuestros hermanos han atemorizado nuestro corazón diciendo: Este pueblo es mayor y más alto que nosotros, la ciudades grandes y amuralladas hasta el cielo; y también vimos allí a los hijos de Anac."

Moisés cuenta a la nueva generación las causas por las cuales sus padres no pudieron entrar en la tierra prometida, y la razón por la cual estuvieron dando vueltas en el desierto por cuarenta años. Dios les permitió a los doce espías ir a reconocer la tierra, pero no estaba de acuerdo con ello, porque era una falta de fe y confianza en él.

Los espías que regresaron dieron buenas noticias de la tierra, pero diez de ellos, le quitaron la fe al pueblo con sus descripciones acerca de los moradores de país. Había gigantes; los muros de las ciudades eran impenetrables.

JOSUÉ Y CABEL TRAEN BUENAS NUEVAS

El informe de aquellos hombres cobardes e incrédulos, hicieron olvidar al pueblo al Señor que iba en medio de ellos, el cual los había sacado de la esclavitud de Egipto sólo tres meses antes, con mano poderosa.

Verso 29-33: *"Entonces os dije: No temáis ni tengáis miedo de ellos. Jehová vuestro Dios, el cual va delante de vosotros, él peleará por vosotros, conforme a todas las cosas que hizo por vosotros en Egipto delante de vuestros ojos.*

"Y en el desierto has visto que Jehová tu Dios te ha traído, como trae el hombre a su hijo, por todo el camino que habéis andado, hasta llegar a este lugar. Y aun con esto no creísteis a Jehová vuestro Dios, quien iba delante de vosotros por el camino para reconoceros el lugar donde habíais de acampar, con fuego de noche para mostraros el camino, y con nube de día.

Moisés les dice que él lo animó a subir, recordándoles que el Señor iba con ellos. Entonces les amonesta a no ser desobedientes, ni rebeldes, ni de sospechar contra la bondad de Dios, y les recuerda que en el fondo de todo aquello estaba la incredulidad en el Dios de Israel.

DIOS CASTIGA A ISRAEL

(Estudiar Números 14: 20-35)

34-40: "Y oyó Jehová la voz de vuestras palabras, y se enojó, y juró diciendo: No verá hombre alguno de esta mala generación, la buena tierra que juré que había de dar a vuestros padres, excepto Caleb hijo de Jefone; él la verá, y a él le daré la tierra que pisó y a sus hijos; porque ha seguido fielmente a Jehová. También contra mí se airó Jehová por vosotros, y me dijo: Tampoco tú entrarás allá. Josué hijo de Nun, el cual me sirve, el entrará allá; anímale, porque él la hará heredar a Israel.

"Y vuestros niños, de los cuales dijisteis que servirían de botín, y vuestros hijos que no saben hoy lo bueno ni lo malo, ellos entrarán allá, y a ellos la daré, y ellos la heredarán. Pero vosotros volveos e id al desierto, camino del Mar Rojo."

Todos los que tenían de veinte años arriba, fueron sentenciados a morir en el desierto. Con excepción de Caleb, Josué y Eleazar, y tal vez algunos de los levitas que no se habían unido a la rebelión, murieron en el desierto. Sus hijos, hasta los 19 años, eran considerados inocentes. Ellos serían los que heredarían la tierra. Ni al mismo Moisés le fue permitido entrar en ella.

LA DERROTA DE HORMA
(Estudiar Números 14:39-45)

41-46: "Entonces respondisteis y me dijisteis: hemos pecado contra Jehová; nosotros subiremos y pelearemos, conforme a todo lo que Jehová nuestro Dios nos ha mandado. Y os armasteis cada uno con sus armas de guerra, y os preparasteis para subir al monte. Y Jehová me dijo: Diles: No subáis, ni peleéis, pues no estoy con vosotros; para que no seáis derrotados por vuestros enemigos.

"Y os hablé, y no disteis oído; antes fuisteis rebeldes al mandato de Jehová, y persistiendo con altivez subisteis al monte. Pero salió a vuestro encuentro el amorreo, que habitaba en aquel monte, y os persiguieron como hacen las avispas, y os derrotaron en Seir, hasta Horma. Y volvisteis y llorasteis delante de Jehová, pero Jehová no escuchó vuestra voz, ni os prestó oído. Y estuvisteis en Cades por muchos días, los días que habéis estado allí."

Moisés les recuerda el insensato y estéril intento de hacer que Dios revocase la sentencia cuando ya era demasiado tarde. Aunque esto parecía una reforma, en realidad era una nueva rebelión contra lo que el Señor les había dicho. Ellos lloraron y suplicaron con lágrimas, pero Dios nos los escuchó. Ellos lloraban por haber perdido la batalla, por haber perdido la oportunidad de entrar en la tierra, pero no se habían arrepentido de su pecado.

LOS AÑOS EN EL DESIERTO, Y EL VIAJE A CANAAN
Capítulo 2

1-7 "Luego volvimos y salimos al desierto, camino del Mar Rojo, como Jehová me había dicho; y rodeamos el monte Seir por mucho tiempo. Y Jehová me habló diciendo: Bastante habéis rodeado este monte, volveos al norte. Y manda al pueblo, diciendo: Pasando vosotros por el territorio de vuestros hermanos los hijos de Esaú, que habitan en Seir, ellos tendrán miedo de vosotros; mas vosotros guardaos mucho.

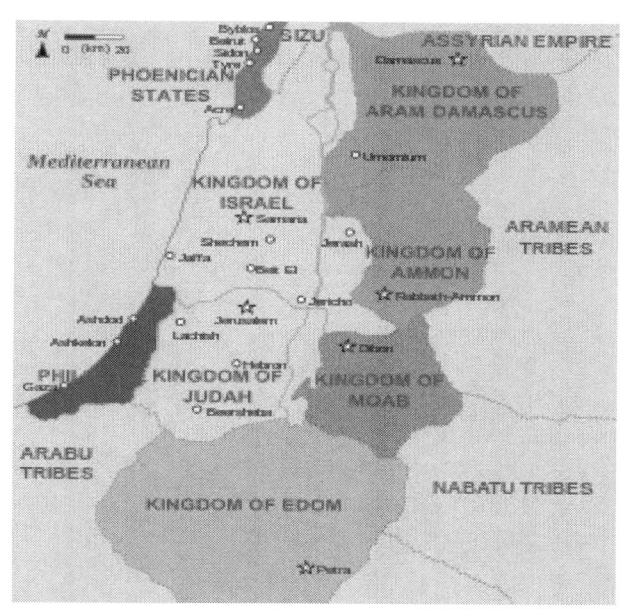

"No os metáis con ellos, porque no os daré de su tierra ni aun lo que cubre la planta de un pie; porque yo he dado por heredad a Esaú el monte de Seir. Compraréis de ellos por dinero los alimentos, y comeréis; también compraréis de ellos el agua, y beberéis; pues Jehová tu Dios te ha bendecido en toda obra de vuestras manos; él sabe que andas por este gran desierto; estos

cuarenta años Jehová tu Dios ha estado contigo, y nada te ha faltado."

Sigue Moisés relatando las providencias de Dios con el pueblo de Israel en su viaje a Canaán. Note que no relata nada de los 38 años transcurridos, sino que empalma su narración con lo sucedido después de su llegada a la parte oriental de Edom en dirección a Moab.

38 años estuvieron en el desierto de Parán, cerca de Seir, al sur del territorio de los hijos de Esaú y al este de Madián. Entonces les encarga no molestar a sus hermanos. Esaú era el hermano gemelo de Jacob, que es Israel. Dios les había dado a ellos el monte de Seir, y no se lo quitaría. Así que tienen permiso de comerciar con ellos, pero no invadirlos.

Verso 8-12: "Y nos alejamos del territorio de nuestros hermanos los hijos de Esaú, que habitaban en Seir, por el camino del Arabá desde Elat y Ezión-geber; y volvimos, y tomamos el camino del desierto de Moab.

"Y Jehová me dijo: No molestes a Moab, ni te empeñes con ellos en guerra, porque no te daré posesión de su tierra; porque yo he dado a Ar por heredad a los hijos de Lot. (Los emitas habitaron en ella antes, pueblo grande y numeroso, y alto como los hijos de Anac.

"Por gigantes eran ellos tenidos también, como los hijos de Anac; y los moabitas los llaman emitas. Y en Seir habitaron antes los horeos, a los cuales echaron los hijos de Esaú; y los arrojaron de su presencia, y habitaron en lugar de ellos, como hizo Israel en la tierra que les dio Jehová por posesión.)

Aquí Moisés relata el origen de los moabitas, edomitas y amonitas. Moab y Amón eran hijos de Lot. Los Moabitas vivían en una tierra que antes había sido habitada por gigantes, llamados "Emin", que significa, "terribles", tal vez tan altos como los de Anac, pero más fieros. Estos emitas también habían vivido en Seir después de desalojar a los horeos.

13-17: "Levantaos ahora, y pasad el arroyo de Zered: Y pasamos el arroyo de Zered. Y los día que anduvimos en Cades-barnea hasta cuando pasamos el arroyo de Zered fueron treinta y ocho años; hasta que se acabó toda aquella generación de los hombres de guerra de en medio del campamento, como Jehová lo había jurado.

"Y también la mano de Jehová vino sobre ellos para destruirlos de en medio del campamento, hasta acabarlos. Y aconteció que después que murieron todos los hombres de guerra de entre el pueblo, Jehová me habló, diciendo: Tú pasarás hoy el territorio de Moab, a Ar. Y cuando te acerques a los hijos de Amón, no los molestes, ni contiendas con ellos; porque no te daré posesión de la tierra de los hijos de Amón, pues a los hijos de Lot la he dado por heredad.

"(Por tierra de gigantes también ella es tenida; habitaron en ella gigantes en otro tiempo, a los cuales los amonitas llamaban, zozomeos; pueblo grande y numeroso, y alto, como los hijos de Anac; a los cuales Jehová destruyó delante de los amonitas. Estos sucedieron a aquéllos, y habitaron en su lugar,

"Como hizo Jehová con los hijos de Esaú que habitaba en Seir, delante de los cuales destruyó a los horeos; y ellos sucedieron a éstos, y habitaron en su lugar hasta hoy. Y a los aveos que habitaban en las aldeas hasta Gaza, los caftoreos que salieron de Caftor, los destruyeron, y habitaron en su lugar.)"

Los amonitas, los hijos de Lot, habitaron en una tierra que antes había sido habitada por una raza de gigantes conocidos como zonzomeos. Estos eran bárbaros; gente tosca y ruda. Entonces les habla de otra gente más antigua, los caftoreos, que eran descendientes de Mizraim. Hijo de Cam, lo mismo que los filisteos. Ellos habían desposeído a los aveos, y siguieron como filisteos.

24-25: "Levantaos, salid, pasad el arroyo de Arnón; he aquí he entregado en tu mano a Sehón, rey de Hesbón, amorreo, y a su tierra; comienza a tomar posesión de ella, y entra en guerra con él. Hoy comenzaré a poner tu temor y tu espanto sobre los pueblos debajo de todo el cielo, los cuales oirán tu fama, y temblarán y se angustiarán delante de ti."

El pueblo obedeció las palabras de Dios por medio de Moisés y no tuvo guerra ni con Seir, hijo de Esaú, ni con Moab ni Amón, hijos de Lot, el justo que no se contaminó con los pecados de Sodoma.

(Estudiar Números 21: 21-30)

26-29: "Y envié mensajeros desde el desierto de Cademot a Sehón rey de Hesbón con palabras de paz, diciendo: Pasaré por tu tierra por el camino iré, sin apartarme ni a la diestra ni a la siniestra. La comida me venderás por dinero y comeré; el agua también me darás por dinero, y beberé; solamente pasaré a pie, como lo hicieron conmigo los hijos de Esaú, que habitaban en Seir, y los moabitas que habitaban en Ar; hasta que cruce el Jordán a la tierra que nos da Jehová nuestro Dios."

Note que a pesar que Dios le dio la orden de apoderarse de la tierra de Sehón, Moisés no obró arbitrariamente. Él envió embajadores a negociar la paz.

30: "Mas Sehón rey de Hesbón no quiso que pasásemos por el territorio suyo porque Jehová había endurecido su espíritu y obstinado su corazón para entregarlo en tu mano, como hasta hoy."

Aunque la Escritura dice que Jehová endureció el corazón del rey, debemos tener en mente que Dios no le endurece el corazón al hombre bueno, sino que el pecado de rebelión del perverso, su desobediencia, orgullo y obstinación, son los que sellan la voz de su conciencia a los llamados de Dios. Su conciencia ya ha sido cauterizada por el endurecimiento en el pecado, y lo que le espera es la ruina total y final.

31-32: "Y me dijo Jehová: He aquí yo he comenzado a entregar delante de ti a Sehón y a su tierra; comienza a tomar posesión de ella para que la heredes."

Cuando Dios nos da las cosas nosotros debemos entrar a poseerlas, esto es; por la fe nos apropiamos de lo que Dios nos dice que ya nos ha dado; la salvación, la sanidad, la victoria sobre los demonios en el Nombre de Jesús, la paz, el gozo, la separación del mundo y todas las bendiciones espirituales en los lugares celestes. Ya Dios había entregado en mano de Israel el territorio de Sehón, pero ellos debían entrar a poseerlo, destruyendo a sus habitantes.

32-36 "Y nos salió Sehón al encuentro, él y todo su pueblo, para pelear en Jahaza, Mas Jehová nuestro Dios los entregó delante de nosotros; y lo derrotamos a él y a sus hijos, y a todo su pueblo.

"Tomamos entonces todas sus ciudades, y destruimos todas las ciudades, hombres, mujeres y niños; no dejamos ninguno. Solamente tomamos para nosotros sus ganados, y el despojo de las ciudades que habíamos tomado. Desde Aroer, que está junto a arroyo de Arnón, y la ciudad que está en el valle, hasta Galaad, no hubo ciudad que escapase de nosotros; todas las entregó Jehová nuestro Dios en nuestro poder."

El arroyo de Arnón está a la mitad del Mar Muerto. Los israelitas pasaron el arroyo, y en sus conquistas llegaron hasta Galaad al norte, junto al río Jaboc. Dios fue entregando en sus manos ciudad tras ciudad, y ellos dieron muerte a todos, hombres, mujeres y niños, como Dios lo había dicho Abraham en Génesis 15. Ya los Cananeos estaban maduros para ruina.

37: "Solamente a la tierra de los hijos de Amón no llegamos; ni a todo lo que está a la orilla de arroyo de Jaboc ni a las ciudades del monte, ni a lugar alguno que Jehová nuestro Dios había prohibido."

Los israelitas respetaron las tierras de los Amonitas, los moabitas y los edomitas, sus parientes. Tampoco subieron a los montes que Dios les había prohibido.

ISRAEL DERROTA A OG REY DE BASAN

Capítulo # 3

Estudie Números 21: 31-35

1-11: "Volvimos, pues, y subimos camino de Basán, y nos salió al encuentro Og rey de Basán para pelear, él y todo su pueblo en Edrei." Edrei estaba situada al norte de Ramot de Galaad, cerca del río Yarmuk.

"Y me dijo Jehová: No tengas temor de él, porque en tu mano he entregado a él y a todo su pueblo con su tierra; y harás con él como hiciste con Sehón rey amorreo, que habitaba en Hesbón. Y Jehová nuestro Dios entregó también en nuestra mano a Og, rey de Basán, y a todo su pueblo, al cual derrotamos hasta acabar con todos.

"Y tomamos entonces todas sus ciudades; no quedó ciudad que no les tomásemos; sesenta ciudades, toda la tierra de Argob, del reino de Og en Basán. Todas estas eran ciudades fortificadas con muros altos, con puertas y barras, sin contar otras muchas ciudades sin muro.

SEHÓN, OG, Y LOS REYES AMORREOS

"Y las destruimos, como hicimos a Sehón rey de Hesbón, matando hombres, mujeres y niños. Y tomamos para nosotros todo el ganado, y el despojo de las ciudades. También tomamos en aquel tiempo la tierra desde el arroyo de Arnón hasta el monte Hermón, de manos

de dos reyes amorreos, que estaban al este del Jordán. (Los sidonios llaman a Hermón: Sirión; y los amorreos, Senir.)

"Todas las ciudades de la llanura, y todo Galaad, y todo Basán hasta Salca y Edrei, ciudades del reino de Og en Basán. Porque únicamente Og rey de Basán había quedado de los gigantes. Su cama, una cama de hierro; ¿no está en Rabá de los hijos de Amón? La longitud de ella es de nueve codos, y su anchura de cuatro codos, según el codo de un hombre."

Og era el último de los gigantes que quedaban en Basán. Su cama medía de 13 a 15 pies de largo por seis o siete de ancho. El y su pueblo fueron destruidos totalmente. Aquellos cananeos eran idólatras y pecadores en gran manera como los de Sodoma y Gomorra. Dios los había sentenciado para exterminio desde hacía 462 años.

Cuando el Señor les decía que ya había entregado a sus enemigos, era porque ya él había atado a los demonios jefes que controlaban a las naciones.

LOS GIGANTES

Perdido el poder sobrenatural que los protegía, los enemigos eran fácilmente derrotados por los millares de Israel, quienes iban sostenidos por el poder de Dios.

¿Por qué había gigantes en aquellos tiempos y no los hay ahora? La redención del hombre no se había llevado a cabo. El hombre seguía en la esclavitud de Satanás. En el capítulo seis de Génesis la Escritura nos dice que seres del mundo espiritual se unieron a las hijas de los hombres, y que el producto de aquella unión produjo gigantes, (Nefilín.)

OG, REY DE BASÁN, LA TIERRA QUE OCUPARÍAN LAS TRIBUS AL ESTE DEL JORDÁN.

No era raro que los demonios se unieran a las hijas de los hombres aun después del diluvio, pues vimos que los emitas y los zonzomeos, y Goliat, eran personas de grande estatura, lo mismo que Og.

En el Nuevo Testamento no se nombran a los gigantes. En este tiempo, aunque se practique el ocultismo y se invoque a Satanás para que engendre sus hijos en las mujeres, no se puede porque Cristo derrotó al diablo y a sus demonios y rescató al hombre de su mano; y aunque la gente ignorante busque esta unión, Cristo tiene restringido el poder del diablo.

Ahora podemos entender por qué el Señor quiso que exterminaran a todos los habitantes del país. Él no quería que el pueblo se contaminara con aquella gente.

RUBEN, GAD, Y LA MEDIA TRIBU DE MANASES SE ESTABLECEN AL ORIENTE DEL JORDAN

(Estudiar Números 32:1-42)

12-22: *"Y esta tierra que heredamos aquel tiempo, desde Aroer, que está junto al arroyo de Arnón, y la mitad del monte de Galaad con sus ciudades, la di a los rubenitas y a los gaditas; y el resto del reino de Og, toda la tierra de Argob, que se llamaba la tierra de los gigantes, lo di a la media tribu de Manasés.*

"Jair hijo de Manasés tomó la tierra de Argob hasta el límite de con Gesur y Maaca, y la llamó por su nombre, Basán- havot-jair, hasta hoy. Y Galaad se la di a Maquir, Y a los rubenitas y gaditas les di de Galaad hasta el arroyo de Arnón, teniendo por límite el medio del valle, hasta el arroyo de Jaboc, el cual es el límite de Amón;

"También el Arabá, con el Jordán como límite desde Cineret hasta el mar del Arabá, el Mar Salado, al pie de las laderas del Pisga al oriente. Y os mandé entonces, diciendo: Jehová vuestro Dios os ha dado esta tierra por heredad; pero iréis armados todos los valientes delante de vuestros hermanos los hijos de Israel.

"Solamente vuestras mujeres, vuestros hijos, y vuestros ganados (yo sé que tenéis mucho ganado), quedarán en las ciudades que os he dado, hasta que Jehová dé reposo a vuestros hermanos, y hereden

ellos también la tierra que vuestro Dios les da al otro lado del Jordán; entonces os volveréis cada uno a la heredad que yo os he dado.

"Ordené también a Josué en aquel tiempo diciendo: Tus ojos vieron todo lo que vuestro Dios ha hecho a aquellos dos reyes; así hará Jehová a todos los reinos a los cuales pasarás tú. No les temáis; porque Jehová vuestro Dios, él es el que pelea por vosotros."

Moisés le vuelve a dar instrucciones al pueblo, de lo que ha determinado con la tribu de Rubén, Gad y la media tribu de Manasés. Ya le estableció los límites de cada tribu, para que no haya desavenencias en el futuro. Siin embargo, una vez que tomaran posesión de la tierra al este del Jordán, debían encargar a sus mujeres y a sus hijos menores de veinte años el cuidado de sus propiedades, porque ellos debían marchar a la guerra al oeste del Jordán hasta que todas las tribus estuvieran en su lugar.

NO SE LE PERMITE A MOISES ENTRAR A CANAAN

EL PROBLEMA ES QUE Moisés, tipo de la dispensación de la Ley no puede entrar al Canaán, tipo de la dispensación de la Gracia.

23-29: *"Y oré a Jehová en aquel tiempo, diciendo: Señor Jehová, tú has comenzado a mostrar a tu siervo tu grandeza, y ti mano poderosa;*

porque ¿qué dios hay en el cielo ni en la tierra que haga obras y proezas como las tuyas?

Pase yo, te ruego, y vea aquella tierra buena que está Jordán, aquel buen monte, y el Líbano. Pero Jehová se había enojado contra mí a causa de vosotros, por lo cual no me escuchó; y me dijo Jehová: Basta, no me hables de este asunto.

"Sube a la cumbre de Pisga y alza tus ojos al oeste, y al norte y al sur, y al este, y mira con tus propios ojos; porque no pasarás este Jordán. Y manda a Josué, y anímalo, y fortalécelo; porque él ha de pasar delante de este pueblo, y él les hará heredar la tierra que verás. Y paramos en el valle delante de Bet-peor."

Dios le dijo a Moisés que subiera al monte Pisga, desde donde vería la tierra prometida, pero que no entraría a ella. Moisés había orado por si era la voluntad de Dios que él pasara a la tierra prometida. Dios le dijo que no. Josué pasaría al pueblo a la tierra prometida. ¿Por qué el Señor no concedió su pedido, si era tan poca cosa aparentemente? Porque esta acción es un símbolo muy importante.

Moisés había gobernado a la vieja generación. Aquella generación estaba identificada con Moisés. Moisés es tipo de la dispensación de la Ley. La ley no podía pasar a nadie a la tierra prometida. Tenía que ser Josué, tipo de Jesús y la dispensación de la gracia, la que entraría la nueva generación, tipo de la Iglesia, a Canaán.

En Judas 9, dice que el diablo contendía con el arcángel Miguel por el cuerpo de Moisés. Se entiende claro que el diablo no contendía con el arcángel por el cuerpo físico de Moisés, a quien Dios mismo había enterrado. El diablo contendía por el cuerpo de Moisés, el pueblo identificado con Moisés, porque el diablo no había sido derrotado por Cristo. Ya el diablo ya no puede contender por la Iglesia, el cuerpo de Cristo.

MOISES EXHORTA A LA OBEDIENCIA

Capítulo # 4

1-7: "Ahora, pues, oh Israel, oye los estatutos y decretos que yo os enseño, para que los ejecutéis, y viváis, y entréis y poseáis la tierra que Jehová el Dios de vuestros padres os da.

"No añadiréis a la palabra que yo os mando, ni disminuiréis de ella, para que guardéis los mandamientos de Jehová vuestro Dios que yo os ordeno. Vuestros ojos vieron lo que Hizo Jehová con motivo de Baal-peor; que a todo hombres que fue en pos de Baal-.peor destruyó Jehová tu Dios de en medio de ti. Mas vosotros, los que seguisteis a vuestro Dios, todos estáis vivos hoy"

Moisés exhortó al pueblo a poner atención a la palabra porque en ello les iba la vida. En especial los avisó contra la idolatría, y les recordó el triste hecho cuando los hijos de Israel fornicaron con las mujeres moabitas, y fueron llevados a la idolatría. El castigo fue una plaga que mató a 24,000. (Vea Números 25.)

"Guardadlos, pues, y ponedlos por obra; porque esta es vuestra sabiduría y vuestra inteligencia ante los ojos de los pueblos, los cuales oirán todos estos estatutos, y dirán: Ciertamente pueblo sabio y entendido, nación grande es esta."

El consejo de Moisés a aquella generación resuena en nuestro espíritu hoy. Obedecer y poner en práctica la Palabra de Dios, es nuestra sabiduría y nuestra inteligencia. "El principio de la sabiduría es el temor de Dios." La Iglesia, identificada con Cristo y dirigida por el Espíritu Santo, es un modelo, un ejemplo para el mundo. ¿Es tu testimonio tan claro que el inconverso desee imitarte? Si no lo es, estarás haciendo mucho daño al carácter de Dios y atrayendo sobre ti las consecuencias de ello.

"Porque ¿qué nación grande hay que tenga dioses tan cercanos a ellos como lo está nuestro Dios en todo cuanto le pedimos? Y ¿qué nación grande hay que tenga estatutos y juicios como es toda esta ley que yo pongo hoy delante de vosotros?"

Esto se cumple admirablemente en la Iglesia, el Cuerpo de Cristo. Los creyentes verdaderos tienen a Cristo morando en sus corazones. Es la Iglesia la que tienen las leyes escritas en la tabla de sus corazones para obedecerlas. Es la Iglesia la que tiene la Palabra escrita, para estudiarla y meditarla, y obedecerla.

9-14: "Por tanto, guárdate, y guarda tu alma con diligencia, para que no te olvides de las cosas que tus ojos han visto, ni se aparten de tu corazón todos los días de tu vida; antes bien, las enseñarás a tus hijos, y a los hijos de tus hijos."

Notamos aquí que la memoria pertenece al alma. Es nuestra capacidad de razonar, la mente y la voluntad. Es necesario guardar la mente; llenarla de la Palabra de Dios. Romanos 12:2 dice que renovemos nuestra mente con la Palabra para que podamos conocer la voluntad de Dios.

"El día que estuvisteis delante de Jehová tu Dios en Horeb, cuando Jehová me dijo: "Reúneme al pueblo, para que yo les haga oír mis palabras, las cuales aprenderán, para temerme todos los días que vivieren sobre la tierra, y las enseñarán a sus hijos; y os acercasteis y os pusisteis al pie del monte; y el monte ardía en fuego hasta el medio de los cielos con tinieblas, nubes y oscuridad; Y habló Jehová con vosotros de en medio del fuego; oísteis la voz de sus palabras, más a excepción de la voz, ninguna figura visteis."

Moisés les recuerda a los mayores y les cuenta menores acerca del día en que Dios les habló desde la cumbre del Sinaí. El pueblo oía la voz, pero no veía ninguna figura. Esto era para que el pueblo no tratara de hacer una figura de Dios para adorarla cayendo en la idolatría.

"Y él os anunció su pacto, el cual os mandó poner por obra; los diez mandamientos, y los escribió en dos tablas de piedra. A mí también me mandó Jehová en aquel tiempo que os enseñase los estatutos y juicios, para que los pusieseis por obra en la tierra a la cual pasáis a tomar posesión de ella."

Note que el conocimiento debe ser práctico. El que conoce la Palabra y no la vive, tiene doble pecado. El ministro que no se prepara en el conocimiento de la Palabra para comunicarla al pueblo de Dios le está robando el tiempo a la congregación, y El Señor le pedirá cuentas de las ovejas que puso a su cuidado.

El ministro que no enseña la Palabra de Dios a su congregación, les está privando de su herencia y permitiendo que violen los mandamientos del Señor. Él también le dará cuenta al Señor por sus ovejas.

ADVERTENCIA CONTRA LA IDOLATRIA

15-19: *"Guardad, pues, mucho vuestras almas; pues ninguna figura visteis el día que Jehová habló con vosotros de en medio del fuego; para que no os corrompáis y hagáis para vosotros escultura, imagen de figura alguna, efigie de varón o hembra, figura de animal alguno que está en la tierra, figura de ave alguna alada que vuele por el aire, figura de animal que se arrastre sobre la tierra, figura de pez alguno que haya en el agua debajo de la tierra. "No sea que alces tus ojos al cielo, y viendo el sol, y la luna, y las estrellas, y a todo el ejército del cielo, seas impulsado, y te inclines a ellos, y le sirvas; porque Jehová tu Dios las ha concedido a todos los pueblos debajo de todos los cielos."*

LA IDOLATRÍA ES SUICIDIO ESPIRITUAL

El Señor le advierte contra la idolatría. Ellos no deben hacerse imagen, aunque con ellas intenten adorar a Dios como con el becerro de oro. Él les recuerda que en Horeb, lo único que Dios les mostró fue su voz, para enseñarles que la fe viene por el oía la Palabra.

La prohibición de hacer figuras de animales y de aves y peces, es por causa de que los filisteos adoraban a Dagón, el pez sirena, el Neptuno de los paganos. Contra Moloc, el dios toro de los cananeos, el Krishna de los indios.

En 2 Reyes 17:24-33 dice que el rey de Asiria trajo gente a Canaán después que las diez tribus fueron llevadas cautivas a Asiria. Cada uno de los pueblos que trajo traían sus dioses. Los de Babilonia adoraban a Sucot benot; Marduc, el mismo Baal. Los Aveos a Nibhaz, al perro, el mismo Set de los egipcios.

LA ASTROLOGÍA ES IDOLATRÍA

. Los de Cuta a Nergal, el dios sol y fuego; dios de las pestilencias y de las guerras. Este representa a Nimrod, el poderoso cazador opuesto a Jehová. Los de Hamat a Asima, el macho cabrío, el dios Pan de los sembrados, y a Tartac, el burro, dios de las tinieblas. Los de Sefarvaim, a Anamalec, dios de los cielos, Moloc, y a Adramalec, el dios del trueno.

Entonces les advierte contra la astrología, la adoración del sol, luna y las estrellas. Esta era la más antigua forma de idolatría, Ella fue traída de la gente antediluviana, y ejercitada en la torre de Babel por Nimrod y Semíramis, el Baal y la Astoret, tan venerados entre los cananeos.

Verso 20-22: "Pero a vosotros Jehová os tomó, y os ha sacado del horno de hierro, de Egipto, para que seáis el pueblo de su heredad como en este día. Y Jehová se enojó contra mí por causa de vosotros, y juró que yo no pasaría el Jordán, ni entraría en la buena tierra que Jehová tu Dios te da por heredad. Así que yo voy a morir en este tierra, y no pasaré el Jordán; mas vosotros pasaréis y poseeréis aquella tierra."

Insiste Moisés en la bondad de Dios al sacarlos de la esclavitud de Egipto, que era como un horno de hierro., símbolo de la intensa amargura y padecer de la esclavitud.

Verso 23-24: "Guardaos, no os olvidéis del pacto de Jehová vuestro Dios, que él estableció con vosotros, y no os hagáis escultura o imagen de ninguna cosa que Jehová tu Dios te ha prohibido. Porque Jehová tu Dios es fuego consumidor, Dios celoso."

Insiste Moisés en la bondad de Dios al sacarlos de la esclavitud de Egipto, que era como un horno de hierro., símbolo de la intensa amargura y padecer de la esclavitud.

Verso 23-24: "Guardaos, no os olvidéis del pacto de Jehová vuestro Dios, que él estableció con vosotros, y no os hagáis escultura o imagen de ninguna cosa que Jehová tu Dios te ha prohibido. Porque Jehová tu Dios es fuego consumidor, Dios celoso."

Él les vuelve a recordar el caso de Baal- peor, que ellos Insiste Moisés en la bondad de Dios al sacarlos de la esclavitud de Egipto, que era como un horno de hierro., símbolo de la intensa amargura y padecer de la esclavitud.

Verso 23-24: "Guardaos, no os olvidéis del pacto de Jehová vuestro Dios, que él estableció con vosotros, y no os hagáis escultura o imagen de ninguna cosa que Jehová tu Dios te ha prohibido. Porque Jehová tu Dios es fuego consumidor, Dios celoso."

Ellos habían visto con sus propios ojos y fueron testigos de la ira de Dios contra los perversos. Entonces les aconseja guardar el pacto de Jehová.

Verso 25-28: "Cuando hayáis engendrado hijos y nietos, y hayáis envejecido en la tierra, si os corrompiereis e hiciereis escultura, o imagen de cualquier cosa, e hiciereis lo mano ante los ojos de Jehová vuestro Dios para enojarlo; yo pongo hoy por testigos al cielo y a la tierra, que pronto pereceréis totalmente de la tierra hacia la cual pasáis el Jordán para tomar posesión de ella; no estaréis en ella largos días sin que seáis destruidos.

"Y Jehová os esparcirá entre los pueblos, y quedaréis pocos en número entre las naciones a las cuales os llevará Jehová. Y serviréis allí a dioses hechos de manos de hombres, de madera y de piedra, que no ven, ni oyen, ni comen, ni huelen."

Una vez más les recuerda los resultados de la apostasía. Ello les causaría la ruina a su nación. Si ellos violaban su pacto, serían esparcidos entre las naciones, e irían a adorar a los ídolos de las naciones. Esto se ha cumplido a través de los siglos. Lo más reciente fue en el 1492 en España. Este país echó a los judíos de su tierra, y muchos de ellos vinieron al nuevo mundo. En América Sur y centro, y en el Caribe, fueron perseguidos y obligados a esconder su fe. Sus descendientes fueron llevados a la idolatría Católica romana, y no saben que son judíos.

Los nombres hebreos no tiene apellido, por lo cual los que se llamaban Martín fueron llamados Martínez; los Gonzalo, González, los Alvaro, Alvarez, y Alvarado, Martín, Martínez, etc. Hoy encontramos millones de ellos sirviendo a Cristo, el mismo Dios de los israelitas, entrando en el Nuevo Pacto en la Sangre de Cristo.

Verso 29-31: *"Mas si desde allí buscares a Jehová tu Dios, lo hallarás, si le buscares de todo corazón y de toda tu alma. Cuando estuviereis en angustia, y te alcanzaren todas estas cosas, si en los postreros días te volvieres a Jehová tu Dios, y oyeres su voz; porque Dios misericordioso es Jehová tu Dios: no te dejará, ni te destruirá, ni se olvidará del pacto que juró a sus padres."*

Observe que no importa el lugar donde estemos, podemos buscar al Señor, nuestro Dios. No importa lo alejados que estemos, en qué país nos encontremos, donde no haya iglesia, podemos buscar al Señor y servirle. Nadie se sacude el yugo ligero de un buen Dios, sin antes haber perdido el buen sentido común de una mente saludable.

Verso 32-34: *"Porque pregunta ahora si en los tiempos pasados que han sido antes de ti, desde el día que creó Dios al hombre sobre la tierra, si desde un extremo del cielo al otro se ha hecho cosa semejante a esta gran cosa, o se ha haya oído otra como ella."*

"¿Ha oído pueblo alguno la voz de Dios, hablando de en medio del fuego, como tú lo has oído sin perecer? ¿O ha intentado Dios venir a tomar una nación para sí una de en medio de otra nación, con pruebas, con señales, con milagros y con guerra, y mano poderosa y brazo extendido, y hechos aterradores como todo lo que hizo con vosotros Jehová vuestro Dios en Egipto ante tus ojos?"

Los hechos maravillosos del Señor son relatados por Moisés a la nueva generación. El Dios del pacto de Abraham, los había sacado de en medio de otra nación, con milagros, señales y pruebas de su gran poder. No ha hecho Dios estos milagros con otra gente, sino con los descendientes de Abraham su socio del pacto; y sólo por Isaac, también socio de pacto: También por Jacob, con quien también entró en un pacto.

Dios tenía sus planes para venir a rescatar la raza humana; para venir a cumplir su parte del pacto de Abraham. El vendría en persona a derramar su sangre para ratificar el pacto de sangre con Abraham, el cual había hecho con sustitutos, los animalitos que partiera Abraham y pusiera sobre el altar, como lo relata Génesis 15.

El Dios del pacto guardaría una línea, justificada por gracia, a través de la cual vendría la Simiente de la Mujer, Cristo. Por esa razón le vemos escogiendo la línea, y rechazando a los demás. Note que escogió a Set y rechazó a Caín. Luego escogió a Noé y rechazó el resto de la humanidad. Más tarde escogió a Abraham. De los hijos de Abraham escogió a Isaac, rechazo a Ismael y a los seis hijos que tuvo Abraham con Cetura.

Más tarde escogió a Jacob y desechó a Esaú. Luego rechazó once tribus y diez tribus y escogió a Judá, hasta que llegó el tiempo en que rechazó la humanidad entera y se reservó una jovencita, por medio de la cual vino Jesús. Entonces rechazó la nación judía incrédula, y escogió la Iglesia. Los primeros quince años la iglesia se componía sólo de judíos y prosélitos judíos. No fue sino quince años más tarde que escogió a los gentiles para que se unieran a la Iglesia Cristiana.

Verso 35 "A ti te fue mostrado, para que supieses que Jehová es Dios, y no hay otro fuera de él. Desde los cielos te hizo oír su voz, para enseñarte: y sobre las tierra te mostró el gran fuego, y has oído sus palabras de en medio del fuego.

"Y por cuanto él amó a tus padres, escogió a su descendencia después de ellos, y te sacó de Egipto con su presencia y con su gran poder, para echar de delante de tu presencia naciones grandes y más fuertes que tú, y para introducirte y darte su tierra por heredad, como hoy.

"Aprende pues, hoy, y reflexiona tu corazón que Jehová es Dios arriba en el cielo y abajo en la tierra, y no hay otro. Y guarda sus estatutos y sus mandamientos, los cuales yo te mando hoy, para que te vaya bien a ti, y prolongues tus días sobre la tierra que Jehová tu Dios te da para siempre."

Note que todas las bendiciones y los privilegios de los israelitas le vienen por causa del pacto. A ninguna otra nación se le reveló Dios como a ellos. ¿Por qué? Por el pacto. Todo el mundo está bajo el maligno. El pecado de Adán había sumido a la raza humana en la esclavitud al diablo.

Dios no podía libertarla arbitrariamente. El contrato adámico era un acto legal. Él podía entregar la creación al quien él quisiera. Cuando lo hizo, la raza humana quedó "sin Dios, y sin esperanza en el mundo", controlado por Satanás. (Efe. 2:12.)

Entonces Dios dio la promesa del Redentor. El mismo vendría a redimir la raza humana. ¿Cómo hacerlo por medio de una raza esclavizada, sobre la cual el diablo tenía derecho legal? Por medio de pactos.

Primero hizo un pacto con Noé y la naturaleza, luego lo hizo con Abraham y su descendencia, hasta que vino Cristo. La tribu de Judá quedó para traer al Cordero al mundo, (Gén. 49:10.) Y algunos sacerdotes para sacrificar al Cordero que quitaría el pecado del mundo, que es Cristo.

¿Con qué otra nación tenía Dios pacto? Con ninguna. Gracias a Dios por Cristo, por quien, por medio de la sangre derramada, podemos entrar al Nuevo Pacto y volvernos una nación especial compuesta de todos los pueblos de la tierra; una nación de reyes y sacerdotes, que se conoce como la Iglesia. (1 Pedro 2: 9-10.)

LAS CIUDADES DE REFUGIO AL ORIENTE DEL JORDAN

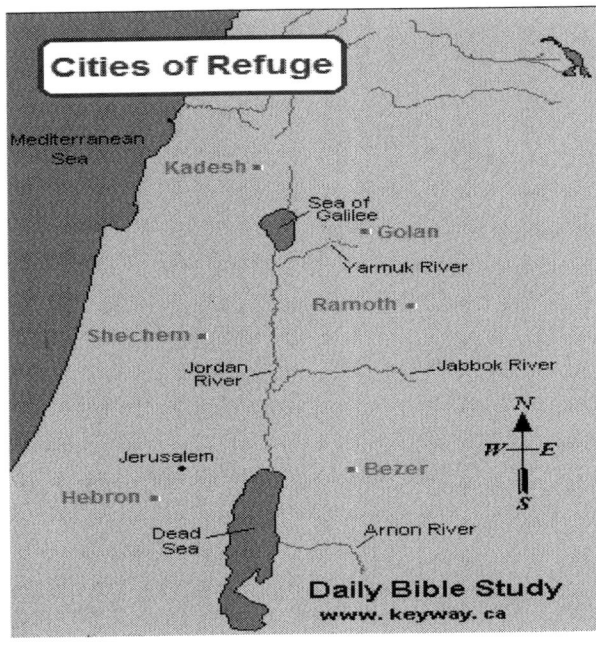

41-43: *"Entonces apartó Moisés tres ciudades a este lado del Jordán al nacimiento del sol, para que huyese allí el homicida que matase a su prójimo sin intención, sin haber tenido enemistad con él nunca antes; y que huyendo a una de estas ciudades salvase su vida. Beser, en el desierto en tierra de la llanura, para los rubenitas; Ramot en Galaad para los gaditas, y Golán en Basán, para los de Manasés."*

Estas ciudades eran las prisiones de las tres tribus. Los que por accidente mataran a alguien debían huir a ellas, y permanecer en ellas hasta la muerte del sumo sacerdote. La duración de la vida del sumo sacerdote, era el tiempo de su encarcelamiento. Si salía fuera de la ciudad y lo encontraba el vengador de la sangre; el familiar de la víctima, lo podía matar, y ser declarado sin culpa.

Mas el que matara a alguien premeditadamente, el vengador de la sangre; el familiar más cercano a la víctima, debía matarlo, y ser declarado sin culpa. ¿Por qué cree usted que no había jóvenes metidos en gangas, en borracheras y problemas en aquellos tiempos? Lea Deut. 21:18-20.

MOISES RECAPITULA LA PROMULGACION DE LA LEY

44-49: "*Esta, pues, es la ley que Moisés puso delante de los hijos de Israel. Estos son los testimonios, los estatutos y decretos que habló Moisés a los hijos de Israel cuando salieron de Egipto; a este lado del Jordán, en el valle delante Baal-peor, en la tierra de Sehón rey de los amorreos que habitan en Hesbón, al cual derrotó Moisés con los hijos de Israel cuando salieron de Egipto; y poseyeron su tierra, y la tierra de Og rey de Basán; dos reyes de los amorreos que estaban de este lado del Jordán, al oriente.*

"Desde Aroer, que está a la ribera del arroyo de Arnón, hasta el monte de Sión, que es Hermón; y todo el Arabá de este lado Jordán, al oriente, hasta el mar del Arabá, al pie de las laderas del Pisga."

El sábado siguiente el pueblo se reunió como de costumbre para oír la palabra por medio de Moisés. Y él les volvió a amonestar a que guardaran la ley.

LOS DIEZ MANDAMIENTOS

Capítulo # 5

(Estudiar Éxodo 20:1-17)

1-5: "*Llamó Moisés a todo Israel y les dijo: Oye Israel, los estatutos y decretos que yo pronuncio hoy en vuestros oídos; aprendedlos, y guardadlos, para ponerlos por obra. No con nuestros padres hizo Jehová este pacto, sino con nosotros todos los que estamos aquí hoy vivos.*

"Cara a cara habló Jehová conmigo con vosotros en el monte de en medio del fuego. Yo estaba entonces entre Jehová y vosotros, para declararos la palabra de Jehová; porque vosotros tuvisteis temor

del fuego, y no subisteis al monte. Dijo: Yo soy Jehová tu Dios, que te saqué de tierra de Egipto, de casa de servidumbre."

Moisés llamó a toda la congregación, para recordarles el pacto que Dios había hecho con ellos en Horeb. Muchos de los que le escuchaban ahora, habían escuchado la ley cuando eran niños. Aquí Moisés aparece como el intérprete de Dios. Es esto también es tipo del Señor Jesús, quien está entre el Padre y el hombre perdido para reunirlos. Cristo es el único Mediador entre Dios y los hombres.

Verso 7-10: "No tendrás dioses ajenos delante de mí. No harás para ti escultura, ni imagen de alguna cosa que está arriba en los cielos, ni abajo en la tierra, ni en las aguas debajo de la tierra. No te inclinarás a ellas, ni le servirás; porque yo soy Jehová tu Dios, fuerte, celoso, que visito la maldad de los padres sobre los hijos hasta tercera y cuarta generación de los que me aborrecen., y que hago misericordia a millares a los que me aman y guardan mis mandamientos."

Este es realmente el segundo mandamiento, porque el primero está en el capítulo seis, verso 3-5. Este mandamiento prohíbe el hacer y adorar imágenes. El pueblo iba a entrar a Canaán, donde hemos visto que la idolatría era muy grande, tanto como la de Egipto.

El pueblo de la pasada generación había vivido bajo la idolatría de Egipto por muchos años. La nueva generación no había visto la idolatría porque habían nacido y se habían criado en el desierto. Es por eso que Moisés le vuelve a repetir la ley de los diez mandamientos a ellos. Esto los ayudaría a rechazar la idolatría de los moradores de Canaán.

Verso 11: *"No tomarás el nombre de Jehová tu Dios en vano; porque no dará por inocente al que tome su nombre en vano."*

El Nombre del Señor es demasiado santo para que labios profanos lo mencionen. La forma correcta cuando hablamos del Señor es llamarle: Señor. El Nombre de Jesús se puede usar en oraciones, adoración, y para echar fuera demonios.

Verso 12-15: *"Guardarás el día de reposo para santificarlo, como Jehová tu Dios te ha mandado. Seis días trabajarás, y harás toda tu obra; mas el séptimo día es de reposo a Jehová tu Dios; ninguna obra harás, tú, ni tu hijo, ni tu hija, ni tu siervo, ni tu sierva, ni tu buey, ni tu asno, ni ningún animal tuyo, ni el extranjero que está dentro de tus puertas, para que descanse tu siervo y tu sierva como tú.*

"Acuérdate que fuiste siervo en tierra de Egipto, y que Jehová tu Dios te sacó de allá con mano fuerte y brazo extendido; por lo cual Jehová tu Dios te ha mandado que guardes el día de reposo."

Note que hay aquí un cambio en el verso 15 diferente a Éxodo 20. Para ellos el guardar el día de reposo era una señal de gratitud después de haber salido de la esclavitud en tierra de Egipto. Para nosotros, el guardar el día del Señor debe ser una señal de gratitud, al considerar todas las grandes cosas que el Señor Jesús tuvo que sufrir para libertarnos de la esclavitud de Satanás. Aquel gran acontecimiento que hizo nuevas todas las cosas, acabó por completo con la ley ceremonial, para que podamos dedicar nuestra vida entera al Señor.

Verso 16: *"Honra a tu padre y a tu madres, como Jehová tu Dios te ha mandado, para que prolongues tus días, y para que te vaya bien sobre la tierra que Jehová tu Dios te da."*

En este mandamiento Dios promete dos grandes bendiciones; larga vida y prosperidad. Estas bendiciones aparecen sublimadas espiritualmente en el Nuevo Testamento, donde una vida corta y atribulada puede ser igualmente una bendición de Dios.

Verso 17: "No matarás." Aquí se prohíbe el asesinato de un ser humano. En el Nuevo Testamento el odio hacia un hermano es puesto al nivel de este mandamiento, porque el odio es asesinato del corazón. (1 Juan 3:15.)

Verso 18: "No cometerás adulterio." Aquí se prohíba el adulterio carnal. En el Nuevo Testamento no sólo se prohíbe el adulterio carnal que es una afrenta al compañero, sino también el amor al mundo que es adulterio espiritual. (Santiago 4:4), que es una afrenta al Señor.

Verso 19: "No hurtarás." La ley prohibía el robo en todas sus formas. Al creyente se le prohíbe tanto el robo al prójimo, como el robo a Dios. (Mal .3:10.)

Verso 20: "No dirás falso testimonio contra tu prójimo." Aquí la ley prohíbe la falsa acusación, la mentira en todas sus formas. Al creyente se le avisa que el diablo es el padre de la mentira.; que el que la practica muestra que es su hijo. (Juan 8:44.)

Verso 21: "No codiciarás la mujer de tu prójimo, ni desearás la casa de tu prójimo, ni su tierra, ni su siervo, ni su sierva, ni su buey, ni su asno, ni cosa alguna de tu prójimo."

La codicia y la envidia pudren los huesos. (Prov. 14:30.) La ley lo prohíba. El amor al dinero es la raíz de todos los males. Los que lo codician se desvían de la fe, (1 Tim. 6:10), y son traspasados de muchos dolores. "El que mira una mujer para codiciarla, ya adulteró con ella en el corazón." Esto lo dijo Jesús.

EL TERROR DEL PUEBLO (Estudie (Éxodo 20: 18-26)

22-23: "Estas palabras habló Jehová a toda vuestra congregación en el monte, de en medio del fuego, de la nube y de la oscuridad, a gran voz; y no añadió más. Y las escribió en dos tablas de piedra, las cuales me dio a mí.

"Y aconteció que cuando vosotros oísteis la voz de en medio de las tinieblas, y visteis al monte que ardía en fuego, vinisteis a mí, todos los príncipes de vuestras tribus, y vuestros ancianos, y dijisteis: He aquí Jehová nuestro Dios no ha mostrado su gloria, y su grandeza, y hemos oído su voz de medio del fuego; Hoy hemos visto que Jehová habla al hombre, y éste aún vive."

"Ahora, pues, ¿por qué vamos a morir? Porque este gran fuego nos consumirá; si oyéremos otra vez la voz de Jehová nuestro Dios, moriremos. Porque qué es el hombre, para que oiga la voz del Dios viviente que habla de en medio del fuego, como nosotros, como nosotros la oímos, y aún viva. Acércate tú, y oye todas las cosas que dijere Jehová nuestro Dios; y tú nos dirás todo lo que Jehová te dijere, y nosotros oiremos y haremos."

"Y oyó Jehová la voz de vuestras palabras cuando me hablabais, y me dijo Jehová: He oído la voz del pueblo, que ellos te han hablado; bien está todo lo que han dicho. ¿Quién diera que tuviesen tal corazón, que me temiesen y guardasen todos los días todos los mandamientos para que a ellos y a sus hijos les fuese bien para siempre? Ve y diles: Volveos a vuestras tiendas.

"Y tú quédate aquí conmigo, y te diré todos los mandamientos y estatutos y decretos que les enseñarás, a fin de que los pongan por obra en la tierra que yo les doy por posesión.

"Mirad, pues, que hagáis como Jehová vuestro Dios os ha mandado; no os apartéis a diestra ni a siniestra. Andad en todo el camino que Jehová vuestro Dios os ha mandado, para que viváis y os vaya bien, y tengáis largos días en la tierra que habéis de poseer."

Moisés les recordó que sus antepasados habían consentido en la responsabilidad del pacto en que habían entrado con el Señor. El pueblo había estado consternado ante la presencia y el despliegue de la gloria de Dios.

Ellos habían reconocido que no podían soportar la voz de Dios; por eso le rogaron a Moisés que hablara por ellos. Dios les otorgó aquel ruego. Ellos prometieron hacer todo lo que Dios le dijera.

EL GRAN MANDAMIENTO
Capítulo # 6

1-2:"Estos, pues, son los mandamientos, estatutos y decretos que Jehová vuestro Dios mandó que os enseñase, para que los pongáis por obra en la tierra a la que pasáis vosotros para tomarla, para que temas a Jehová tu Dios, guardando todos sus estatutos y sus mandamientos, que yo te mando, tú, tu hijo, y el hijo de tu hijo, todos los días de tu vida, para que sean prolongados.

En este capítulo Moisés continúa aconsejando al pueblo a guardar los mandamientos, los estatutos y los decretos de Dios. Moisés le enseñó al pueblo lo que Jehová le había mandado. Así los ministros de Cristo han de enseñar la Iglesia todo lo que el Señor ha mandado.

Verso 3-9: "Oye, pues, oh Israel, y cuida de ponerlos por obra, para que te vaya bien en la tierra que fluye leche y miel, y os multipliquéis, como te ha dicho Jehová el Dios de tus padres.

"Oye, Israel: Jehová nuestro Dios, Jehová uno es. Y amarás a Jehová tú Dios de todo tu corazón, y de toda tu alma, y con todas tus fuerzas. Y estas palabras que yo te mando hoy, estarán sobre tu corazón; y las repetirás a tus hijos, y hablarás de ellas estando en tu casa, y andando por el camino, y al acostarte, y cuando te levantes. Y las atarás como una señal en tu mano, y estarán como frontales entre tus ojos; y las escribirás en los postes de tu casa, y en tus puertas"

Los judíos tienen los versos del 4 y 5 como los más importantes de las Escrituras. Ellos los tienen escritos en sus filacterias, y se sienten obligados a repetirlos por lo menos dos veces al día. Ellos se sienten muy bendecidos cuando en la mañana y en la tarde repiten estos dos versos. *"Bienaventurado somos los que cada mañana y cada tarde decimos: Oye, Israel: Jehová nuestro Dios, Jehová uno es."*

La fe firme en el Señor como Creador, Sustentador y Padre nuestro nos mantiene alejados de la idolatría. Los judíos inconversos, los unitarios, y los testigos de Jehová han visto en estos versos la negación de la Trinidad. Dios se reveló a los israelitas como un sólo Dios para librarlos de la idolatría a la que sus padres estuvieron acostumbrados en Egipto, y la que encontrarían en Canaán. Y es cierto que Dios es uno, como un triángulo es uno, pero tiene tres puntas.

El gobierno de EE. UU, es uno, pero se compone de tres ramas: legislativa, administrativa y ejecutiva. Ellas componen el gobierno. El gobierno de Dios se compone de tres ramas: El Padre, el Hijo y el Espíritu Santo. (Ver Gén. 1:26. 11:7. Zac. 3:2, Juan 10:30.)

EL GOBIERNO TRINO DE DIOS

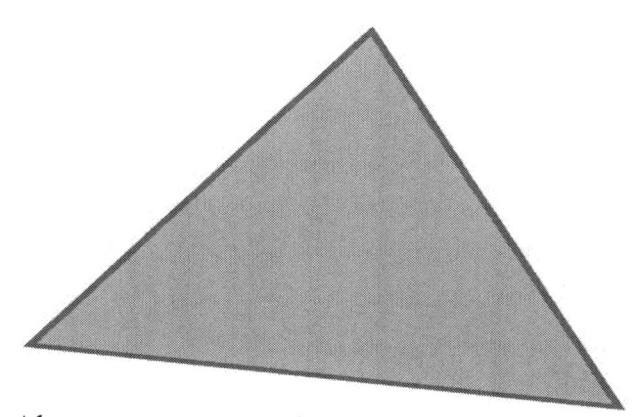

Note que al pueblo se exhorta a amar a Jehová con todo el corazón, pero ellos no podían hacerlo por su condición de muerte espiritual. Al creyente no se exhorta amar a Dios porque él no puede evitar amarlo, ya que salió de Su Corazón. Sin embargo se exhorta a amar a los hermanos, porque aunque el amor de Dios ha sido derramado en nuestros corazones por el Espíritu Santo que nos ha sido dado, debemos desarrollarlo y practicarlo.

Los israelitas debían llevar los dos versos escritos en la frente y en la mano. Los más religiosos entre los judíos llevan unas pequeñas cajas atadas en la frente y en las manos. Dentro de las cajas están escritos los dos versos. Esto es una enseñanza simbólica para el creyente, quien debe tener la Palabra gobernando su corazón y proceso pensante, para que gobierne sus obras.

EXHORTACIONES A LA OBEDIENCIA

10-13: "Cuando Jehová te haya introducido en la tierra que juró a tus padres, Abraham, Isaac y Jacob que te daría, en ciudades grandes y buenas que tú no edificaste, y casas llenas de todo bien, que tú no llenaste, y cisternas cavadas que tú no cavaste, viñas y olivares que no plantaste, y luego que comas y te sacies, cuídate de no olvidarte de Jehová, que te sacó de la tierra de Egipto, de casa de servidumbre. A Jehová tu Dios temerás, y él solo servirás, por su nombre jurarás."

Aquí está envuelta la ley de la prosperidad. Dios le daría bendiciones sin número. Por eso Moisés exhortó al pueblo a no olvidarse de Dios cuando estuvieran habitando en sus tierras. Todo lo que ellos iban a recibir era dado por la mano de Dios: Ciudades casas, viñas, olivares, y cisternas de aguas que habían abandonado los moradores del país.

Por esa razón es que debemos darle gracias a Dios por las pruebas y los problemas. Ellos nos acercan a Dios. Cuando estamos bien no sentimos el deseo de orar, pero cuando nos viene el problema acudimos a la oración. Sin embargo, no debemos esperar que venga el problema para acudir al Señor, sino todo el tiempo alabarle y servirle, tanto en las buenas como en las malas.

Verso 14-19: "No andaréis en pos de dioses ajenos, de los dioses de los pueblos que están en vuestros contornos; porque el Dios celoso, Jehová tu Dios, en medio de ti está; par que no se inflame el furor de Jehová tu Dios contra ti, y te destruya de sobre la tierra.

"No tentaréis a Jehová vuestro Dios, como lo tentasteis en Masah. Guardad cuidadosamente los mandamientos de Jehová vuestro Dios, y sus testimonios y sus testimonios y estatutos que te ha mandado."

Tentar a Dios es muy fácil. Es dudar de su poder para sacarnos adelante en cualquier situación en que nos encontremos. Es olvidar que él está en control de cada situación. Muchos dicen: "Si, yo sé que Él puede, pero no sé si quiere." Eso es tentar a Dios, quien sabe lo que nos conviene a nosotros, más de lo que nosotros pensamos.

"Y haz lo recto y lo bueno ante los ojos de Jehová, para que te vaya bien, y entres y poseas la buena tierra que juró a tus padres; para que él arroje a tus enemigos de delante de ti, como Jehová ha dicho."

"Dios es celoso", le recuerda Moisés al pueblo. No deben envolverse en la idolatría del país donde han de entrar. Pero ellos no deben casarse con las mujeres del país, porque ellas los conducirán a la adoración de sus dioses. Al creyente también el Señor le prohíbe hacer yugo desigual con los incrédulos. (2 Corintios. 6:14-16.)

Si los israelitas hacían lo recto y lo bueno delante de sus ojos, Dios arrojaría a sus enemigos de delante de ellos. Eso mismo lo hace hoy con los creyentes sinceros. No hay demonio que tenga poder sobre los hijos del Dios Vivo.

Verso 20-25: *"Mañana cuando te preguntare tu hijo diciendo: ¿Qué significan los testimonios y estatutos y decretos que Jehová nuestro Dios os mandó? Entonces dirás a tu hijo: Nosotros éramos siervos de Faraón en Egipto, y Jehová nos sacó de Egipto con mano poderosa. Jehová hizo señales y milagros grandes y terribles en Egipto sobre Faraón y sobre toda su casa, delante de nuestros ojos; y nos sacó de allá, para traernos y darnos la tierra que juró a nuestros padres.*

"Y nos mandó Jehová que cuando cumplamos todos estos estatutos, y que temamos a Jehová nuestro Dios, para que nos vaya bien todos los días todos los días, y para que nos conserve la vida, como hasta hoy. Y tendremos justicia cuando cuidemos de poner por obra todos estos mandamientos delante de Jehová nuestro Dios, como él nos ha mandado."

Moisés les vuelve a aconsejar a la nueva generación que guarden cuidadosamente los mandamientos del Señor. También les encarga que instruyan a sus hijos en los mandamientos divinos. No sólo para que los acompañen gozosos desde pequeños a los servicios, sino para que cuando lleguen a la edad madura puedan cumplir la Palabra de Dios y continuar trasmitiéndola a sus hijos.

El día que los judíos celebran la Pascua, los padres leen a sus hijos la Escritura. Los niños preguntan: "¿Qué significa esta fiesta que celebramos en este día? Entonces el padre le explica cada símbolo de la fiesta. Así nosotros debemos conocer la Palabra para en su totalidad para que podamos rendir al Señor un culto espiritual agradable y razonable, no sea que ofrezcamos "animal ciego para el sacrificio." (Mal. 1:8.)

¿Han preguntado nuestros hijos por el significado de las leyes divinas? Debemos decirle que deben ser observadas. Por ejemplo; la Palabra dice en Lev. 19:14: "No pongas tropiezo delante del ciego." Esto no solamente significa poner algo para que el ciego de ojos carnales tropiece, sino también no poner tropiezo con nuestra conducta para que tropiecen los ciegos espirituales.

ADVERTENCIA CONTRA LA IDOLATRIA DE CANAAN

Capítulo # 7

CONOCIDA COMO ASTORET, Y LA VIRGEN MARÍA

1-2: "Cuando Jehová tu Dios te haya introducido en la tierra en la cual entrarás para tomarla, y hayas echado de delante de ti a muchas naciones, al heteo, al gergeseo, al amorreo, al cananeo, al ferezeo, al heveo y al jebuseo, siete naciones mayores y más poderosas que tú, y Jehová las haya entregado delante de ti, y las hayas derrotado, las destruirás del todo; no harás con ellas alianza, ni tendrás de ellas misericordia."

Los israelitas entrarían en Canaán, pero tendrían que derrotar a siete naciones mucho más poderosas que ellos. El Señor las echaría de delante de ellos.

Esto es cierto en el creyente. Cuando nacimos de nuevo, tuvimos que echar fuera siete pecados capitales del subconsciente, por la renovación de la mente con la Palabra. Estos son como naciones poderosas a las que el creyente tiene que derrotar y echar de él. 1: odio. 2: orgullo. 3: gula. 4: lujuria. 5. Ira. 6: idolatría. 7: codicia. De esos siete pecados emanan todos los demás.

Dios le dio cinco instintos al hombre. El diablo los distorsionó. El de reproducción: lo tornó en lujuria. El de preservación lo tornó en ira y odio. El de adquisición lo tornó en codicia y envidia. El de religión lo tornó en idolatría, y el de dominio, lo tornó en orgullo y celos.

ÍDOLOS ANTIGUOS Y MODERNOS.

Verso 3-5: "Y no emparentarás con ellas; no darás tu hija a su hijo, ni tomarás a su hija para tu hijo. Porque desviarás a tu hijo de en pos de mí, y servirán a dioses ajenos; y el furor de Jehová se encenderá sobre vosotros, y te destruirá pronto. Mas así habéis de hacer con ellos; sus altares destruiréis, y quebraréis sus estatuas, y destruiréis sus imágenes de Asera, y quemaréis sus esculturas en el fuego."

Los israelitas son amonestados a no hacer yugo desigual con las hijas ni con los hijos de las naciones. Ellos los llevarían a adorar dioses ajenos, por lo cual la ira de Jehová se encendería contra ellos y los destruiría. Esto es cierto en el creyente. 2 Corintios. 6: 14 prohíbe el yudo desigual con los incrédulos. Cuando el joven creyente se casa con una joven no creyente, es seguro que lo aleja de la iglesia, y lo lleva a la suya. Lo mismo es cierto con la joven creyente que se casa con un joven inconverso. También esto es cierto con las amistades inconversas. La Palabra nos ordena a hablarles a ellos del evangelio, no a disfrutar de sus bacanales, ni a tenerlos como amigos íntimos. "El que se casa con idólatra, se casa con sus ídolos."

UN PUEBLO SANTO A JEHOVA

6-11: "Porque tú eres pueblo santo para Jehová tu Dios; Jehová tu Dios te ha escogido, más que todos los pueblos que están sobre la tierra. No por ser vosotros más que todos los pueblos os ha querido Jehová y os ha escogido, pues vosotros erais el más insignificante de todos los pueblos; sino por cuanto Jehová os amó y quiso guardar el juramento que juró a vuestros padres, os ha sacado Jehová con mano poderosa, y os ha rescatado de servidumbre, de la mano de Faraón rey de Egipto.

"Conoce, pues que Jehová tu Dios es Dios, Dios fiel, que guarda el pacto y la misericordia a los que guardan sus mandamientos, hasta mil generaciones; y queda el pago en persona al que le aborrece, destruyéndolo, y no se demora con el que le odia, en persona le dará el pago. Guarda, por tanto, los mandamientos y estatutos y decretos que yo te mando hoy que cumplas."

El argumento de Moisés es que ellos son un pueblo santo, amado y escogido por Jehová; no porque fueran mejores que los demás pueblos de la tierra, sino por el juramento hecho a los padres, especial-mente a Abraham. Jehová es el Dios que guarda el pacto. Él es el Socio del pacto de sangre de Abraham.

¿En dónde cabe el creyente del Nuevo Pacto en esta amonestación? Primero veamos Gálatas 3:7: "Sabed por tanto que los son de fe, éstos son hijos de Abraham." En el verso 16 dice que Cristo es la verdadera simiente de Abraham. En 1 Pedro 2: 9-10 dice que la Iglesia es linaje escogido, pueblo adquirido, nación santa, y real sacerdocio.

Moisés le dice a los israelitas que el Dios de pacto, dará el pago en persona a los violadores del mismo. El que lo viola es porque no obedece a Dios, más bien le aborrece. El sufrimiento de los judíos a través de los siglos es la señal segura del cumplimiento de esta amonestación. Al creyente la Palabra le dice que es mejor no haber conocido el camino de la justicia que conocerle y volverse atrás del santo mandamiento que les fue dado. (2Pedro 2:21.)

BENDICIONES DE LA OBEDIENCIA

12-26: "Y por haber oído estos decretos, y haberlos guardado y puesto por obra, Jehová tu Dios guardará contigo el pacto y la misericordia que juró a tus padres. Y te amará, te bendecirá y te multiplicará, y bendecirá el fruto de tu vientre, y el fruto de tu tierra, tu grano, tu mosto, tu aceite, la cría de tus vacas, y los rebaños de tus ovejas en la tierra que juró a tus padres que te daría."

La obediencia de los israelitas les traerían las bendiciones del pacto. Las bendiciones incluían el crecimiento del pueblo, el aumento de los hijos y las riquezas. Todas estas bendiciones han sido dadas a los creyentes. (Efe.1:3.)

"Bendito serás más que todos los pueblos; no habrá en ti varón ni hembra estéril, ni en tus ganados. Y quitará Jehová de ti toda enfermedad; y todas malas plagas de Egipto, que tú conoces, no las pondrá sobre ti, antes las pondrá sobre los que te aborrecen."

Mientras el pueblo guardara el pacto sería más bendito que todos los pueblos. No les vendrían enfermedades ni plagas. No habría entre ellos ni hombres, ni mujeres, ni ganados estériles. Cristo trató con el pecado y con la enfermedad en su Sacrificio por nosotros. A los que aborrecen a los hijos de Dios les vienen las plagas y las enfermedades que Dios le permitió a los egipcios. Jesús dijo que al que haga tropezar a un creyente, le es mejor atarse una piedra de molino al cuello y echarse al mar.

"Y consumirás a todos los pueblos que te da Jehová tu Dios; no les perdonará tu ojo, ni servirás a sus dioses, porque te será tropiezo. Si dijeres en tu corazón: Estas naciones son mucho más numerosas que yo; ¿cómo las podré exterminar?, no tengas temor de ellas; acuérdate bien de lo que hizo Jehová tú Dios con Faraón y con todo Egipto;

"De las grandes pruebas que vieron tus ojos, y de las señales y milagros, de la mano poderosa y del brazo extendido con que Jehová tu Dios te sacó; así hará Jehová tu Dios con todos los pueblos de cuya presencia temieres."

Los israelitas obedientes consumirían a todos los pueblos. El ojo de ellos no debía perdonarles. Y esto era muy duro de cumplir, porque el hombre siempre ha intentado ser mejor que Dios, y tener más misericordia. Imagínese la angustia de los padres israelitas al tener que pasar a espada a niños que les recordaban a los suyos que había dejado en casa, pero Dios había dicho que los mataran, y había que obedecer.

EL JUICIO DE LAS ABISPAS

El creyente recibe la orden de exterminar todo tipo de pecado que se presente en su vida, no importa lo agradable o inocente que parezca. El pueblo no debía tener temor de los pueblos por grandes y poderosos que fueran. El creyente tampoco le debe tener temor a los principados, poderes y gobernadores de las tinieblas que se levantan contra ellos porque esos son enemigos que Cristo ya derrotó, y que deben obedecer al Nombre de Jesús en los labios de fe.

"También enviará Jehová tu Dios avispas sobre ellos, hasta que perezcan los que quedaren y los que se hubieren escondido de

delante de ti. No desmayes delante de ellos, porque Jehová tu Dios está en medio de ti, Dios grande y temible."

El Señor prometió a los israelitas enviar avispas sobre los que se escondieran de delante de ellos. Entonces les dice que él mismo estaría en medio de ellos, y que él es Dios grande y temible. Para el creyente es un consuelo mayor el saber que Cristo, el Dios grande y temible, mora en su corazón, no con él, como en el caso de los israelitas.

1 Juan 4: 4 dice que no le temamos a los demonios, porque mayor es el que está en nosotros, que el que está en el mundo. Cristo es mayor que el diablo que está en el mundo. Y él mora en nuestros corazones.

"Y Jehová tu Dios echará a estas naciones de delante de ti poco a poco; no podrás acabar con ellas enseguida, para que las fieras del campo no se aumenten contra ti. Mas Jehová tu Dios, las entregará delante de ti, y él las quebrantará con grande destrozo, hasta que sean destruidas."

Moisés les dice a los israelitas que no se descorazonen si el proceso de echar las naciones de delante de ellos es lento, ni que piensen que no serán echados. Así tampoco crean que porque la iglesia es perseguida, Dios no va a efectuar su liberación. Dios efectúa la liberación de la iglesia en su tiempo y a su manera; pero podemos estar seguros de que él no llega tarde nunca.

"El entregará sus reyes en tu mano, y tú destruirás el nombre de ellos de debajo del cielo; nadie te hará frente hasta que las destruyas. Las esculturas de sus dioses quemarás al fuego; no codiciarás plata ni oro de ellas para tomarlo para ti, pues es abominación a Jehová tu Dios; y no traerás cosa abominable a tu casa, para que no seas anatema; del todo la aborrecerás y la abominarás, porque es anatema."

Se repite la advertencia contra la idolatría, y contra la comunión de los idólatras. Los ídolos que los gentiles adoraban eran abominación a Jehová, por tanto debían ser abominables a ellos. Lo que Dios abomina debe ser abominable a nosotros.

Dios les prometió echar a los moradores del país poco a poco. Así también es el proceso de la santificación de la conducta. El proceso es lento, pero seguro, porque es trabajo del Espíritu Santo sobre la voluntad humana. Dios le dedica seis meses a una calabaza, pero a un roble le dedica cien años. Poco a poco no significa negligencia, sino seguridad.

LA BUENA TIERRA QUE HAN DE POSEER

Capítulo # 8

1-3: *"Cuidaréis de poner por obra todo mandamiento que yo os ordeno hoy, para que viváis, y seáis multiplicados, y entréis y poseáis la tierra que Jehová prometió con juramento a vuestros padres. Y te acordarás de todo el camino por donde te ha traído Jehová tú Dios estos cuarenta años en el desierto, para afligirte, para probarte, para saber lo que había en tu corazón, si habías de guardar o no sus mandamientos.*

"Y te afligió, y te hizo tener hambre, y te sustentó con maná, comida que no conocías tú, ni tus padres la habían conocido, para hacerte saber que no sólo de pan vivirá el hombre, sino de todo lo que sale de la boca de Jehová vivirá el hombre."

Ya la nueva generación, los soldados, han llegado a la mayoría de edad. Los mayores tienen sesenta años; ahora entrarán a poseer la tierra. Sin embargo nunca debían olvidar los problemas que pasaron en el desierto; no debían olvidar la forma en que Dios les alimentó con pan del cielo.

Esto demuestra que el alimento espiritual del hombre es más importante que el físico. Ese alimento es la Palabra de Dios. El caos en que están sometidas las naciones en la actualidad no tiene solución, si no es con el evangelio de Jesucristo. Las naciones están hambrientas del pan de Dios y no lo saben. Los israelitas no debían olvidar que Dios había mortificado su orgullo y los había reprendido una y otra vez. Sus años de escuela habían terminado; ya estaban preparados para entrar a lo real.

Verso 4: "Tu vestido nunca se envejeció sobre ti, ni el pie se te ha hinchado en estos cuarenta años." Note que ellos no tenían tiendas para comprar ropa, ni fábricas de calzado. Jehová cuidaba de ellos y en forma milagrosa la ropa y los zapatos crecían con ellos.

Esto nos recuerda el consejo de Jesús en Mateo 6:25-34, acerca de no afanarse por la comida o el vestido. Él dice que no nos afanemos por nada. Si seguimos el consejo nos libramos de la angustia innecesaria que enferma el cuerpo y desfallece el alma.

Verso 5: "Reconoce asimismo en tu corazón, que como castiga el hombre a su hijo, así Jehová tu Dios te castiga."

Aunque los castigos de Dios al pueblo eran terribles, no era Dios quien le traía las plagas y los fuegos que los consumían, sino que Dios se retiraba de ellos un poco y el diablo, quien tenía autoridad sobre ellos a causa de su condición de muerte espiritual, porque Cristo no había pagado el precio, aprovechaba para exterminarlos.

Para los creyentes, sin embargo, castigo no significa, como creen algunos, que Dios castiga con enfermedades terribles. Sin embargo lo que Dios hace con sus hijos es que los disciplina, les quebranta el orgullo, la terquedad y la rebelión, la incredulidad y la falta de confianza en la Palabra.

Verso 6-10: "Guardarás, pues, los mandamientos de Jehová tu Dios, andando en sus caminos, y temiéndole. Porque Jehová tu Dios te introduce en la buena tierra, tierra de arroyos de aguas, de fuentes y de manantiales, que brotan en vegas y montes; tierra de trigo y cebada, de vides, higueras y granados; tierra de olivos, de aceite y de miel; tierra en la cual no comerás tu pan con escasez, ni te faltará nada en ella; tierras cuyas piedras son hierro, y de cuyos montes sacarás cobre. Y comerás y te saciarás, y bendecirás a Jehová tu Dios por la buena tierra que te habrá dado."

El Señor aconseja al pueblo a guardar sus mandamientos. La tierra a la cual iban a entrar era de abundancia, pero ellos no debían abusar de aquella abundancia, ya que salían de un desierto estéril. Entonces les exhorta a que cumplan el deber que impone una condición próspera. Ellos debían darle la gloria a Dios del bien que iban a disfrutar.

Esto es cierto en los creyentes, quienes deben dar gracias a Dios antes de comer y después de haber comido. La orden del creyente es de dar gracias al Señor por todo. Aún por los problemas porque ellos nos llevan a orar y a acercarnos más a Él. El creyente debe bendecir a Dios siempre por la buena tierra, el buen trabajo, que le ha dado.

AMONESTACION DE NO OLVIDAR A DIOS

11-18: "Cuídate de no olvidarte de Jehová tu Dios para cumplir sus mandamientos, sus decretos y sus estatutos que yo te mando hoy; no suceda que comas y te sacies, y edifiques buenas casas en que habites; y tus vacas y tus ovejas se aumenten, y la plata y el oro se te multipliquen, y todo lo que tuvieres se aumente;

"Y se enorgullezca tu corazón, y te olvides de Jehová tu Dios, que te sacó de la tierra de Egipto, de casa de servidumbre; que te hizo caminar por un desierto grande y espantoso, lleno de escorpiones, y de sed, donde no había agua, y él te sacó agua de la roca del pedernal.

"Que te sustentó con maná en el desierto, comida que tus padres no habían conocido, afligiéndote y probándote, para a la postre hacerte bien; y digas en tu corazón: Mi poder y la fuerza de mi mano me han traído esta riqueza. Sino acuérdate de Jehová tu Dios, porque él te da el poder de hacer las riquezas, a fin de confirmar su pacto que juró a tus padres, como en este día."

Moisés les exhorta a que cuando lleguen a poseer la buena tierra, no se olviden del Señor que se la ha dado. Ellos nunca debían olvidar su experiencia en el desierto, cuando dependían solamente de la Mano de Dios.

Aunque ahora han de entrar en la buena tierra donde prosperarán y se harán de rebaños y ganados, de oro y de plata, no deben olvidar que todo les viene de la Mano de Dios, quien despojó a los habitantes del país para darles a ellos la tierra por heredad. De modo que todo les vendría de la misma Mano.

Así el creyente nunca debe olvidar su condición antes de venir a Cristo. ¡Cuánta angustia y tormento! ¡Cuánta esclavitud a vicios! Si ahora disfruta de paz que sobrepasa todo entendimiento; si es libre de vicios, y tiene un buen trabajo y una familia bonita, debe recordar siempre que todo lo que posee le vino de la Mano del Señor.

¿Porque somos buenos? ¡No!; porque el Señor es fiel al pacto que juró a Abraham, el padre de los creyentes, el cual se cumplió en Cristo, la Cabeza y Jefe, Rey y Señor de la Iglesia. ¡Cuán agradecidos debemos estar cada día de poder tener el privilegio de disfrutar de las bendiciones celestiales en Cristo que nos han sido dadas!

Verso 19-20: "Mas si llegares a olvidarte de Jehová tu Dios, y anduvieres en pos de dioses ajenos, y les sirvieres y a ellos te inclinares, yo lo afirmo hoy contra vosotros, que de cierto pereceréis. Como las naciones que Jehová destruirá delante de vosotros, y así pereceréis, por cuanto no habréis atendido a la voz de Jehová vuestro Dios."

1-3: Note que la amenaza del Señor a los israelitas si se van a la idolatría, debe servir de ejemplo a los creyentes. "De cierto pereceréis." Si ellos descuidaban el obedecer a los mandamientos del Señor, él los echaría de Canaán y los destruiría. Si el creyente deja de obedecer los mandamientos del Señor, está en un grave peligro. Si viola alguno de los diez mandamientos, y no se arrepiente y le pide perdón al Señor, y hace restitución, perecerá.

Cuando el creyente peca pasa bajo sentencia de muerte. 1 Juan 5: 16 dice: "Si alguno viere a su hermano cometer pecado que no sea de muerte, pedirá, y Dios le dará vida; esto es para los que cometen pecado que no sea de muerte. Hay pecado de muerte, por el cual yo no digo que se pida."

¿Qué creyente comete el pecado de muerte? El que es creyente y abandona el evangelio y se va a otra religión donde se adoran ídolos, o al judaísmo no mesiánico, o alguna religión que tenga por inmunda la Sangre de Cristo; que rechaza el sacrificio de Cristo. Por esa persona ya no se debe, ni se puede orar, pero por los demás debemos interceder siempre para que no mueran. ¡Cuánta atención debemos poner a la Palabra de Dios! En ello nos va la vida.

DIOS DESTRUIRÁ LAS NACIONES DE CANAAN

Capítulo # 9

1-3: "Oye, Israel: tú vas hoy a pasar el Jordán, para entrar a desposeer a naciones más numerosas, y más poderosas que tú, ciudades grandes y amuralladas hasta el cielo; un pueblo grande y alto, hijos de los anaceos, de los cuales tienes conocimiento, y has oído decir: ¿Quién se sostendrá delante de los hijos de Anac? "*Entiende, pues, hoy, que es Jehová tu Dios el que pasa delante de ti como fuego consumidor, que los destruirá y humillará delante de ti; y tú los echarás, y los destruirás enseguida, como Jehová te ha dicho."*

EL RÍO JORDÁN

¿Debían los israelitas, enfrentarse a aquella nación de gigantes? ¡Claro que sí! Era natural que el mundo les tuviera miedo a aquellos hombres de grande estatura, famosos por su crueldad; pero no los israelitas. El Dios de Israel iba delante de ellos, destruyendo y consumiendo, peleando y desalojando; y ¿quién podría hacerle frente al Dios de Israel?

Este es un gran consuelo para la Iglesia. Hoy nuestra lucha no es contra gigantes de carne y hueso, sino contra principados, potestades, gobernadores de las tinieblas, demonios desplegados en el campo de batalla celeste, a los cuales la Iglesia tiene la encomienda de desalojar, destruir y derrotar, en el Nombre de Jesús.

Cuando el creyente clama por ese Nombre, Cristo mismo viene a escena, y no hay demonio, ni circunstancia, ni problema que ellos hayan levantado en contra del creyente, que permanezca cuando Cristo actúa en nuestro favor.

Recuerde que no hay fórmula mágica, no hay brujería, no hay exorcismo, ni persona, por inteligente que sea, ni corporación, ni gobierno que pueda echar fuera un sólo demonio. Solamente los pequeñitos de Jesús, los que tienen el derecho de abogado de usar el Nombre de Jesús, pueden ordenarlo; y Jesús solamente puede hacerlo. (Juan 14: 13-14, Marcos 16:17.)

Verso 4-5: "No pienses en tu corazón cuando Jehová tu Dios los haya echado de delante de ti, diciendo: Por mi justicia me ha traído Jehová a poseer esta tierra; pues por la impiedad de estas naciones Jehová las arroja de delante de ti.

"No por tu justicia, ni por la rectitud de tu corazón entras a poseer la tierra de ellos, sino por la impiedad de estas naciones Jehová tu Dios las arroja de delante de ti, y para confirmar la palabra de Jehová que Jehová juró a tus padres, Abraham, Isaac y Jacob."

Ahora bien, los israelitas no debían pensar que ellos eran mejores que la otras naciones, o que era especiales. Lo que Dios estaba haciendo por ellos era de pura gracia, en cumplimiento del pacto de Abraham. La razón por la cual Dios destruía aquellas naciones era por su impiedad, por su idolatría. En Isaías 45.14 podemos vislumbrar la razón principal para la esclavitud de los africanos en América.

"Así dice Jehová: El trabajo de Egipto, las mercaderías de Etiopía, y los sabeos, hombres de elevada estatura, se pasarán a ti y serán tuyos; irán en pos de ti, pasarán con grillos; te harán reverencia y te suplicarán diciendo: Ciertamente en ti está Dios, y no hay otro fuera de Dios."

Los etíopes y los sabeos eran africanos, que estaban envueltos en la idolatría y el ocultismo. La gracia de Dios permitió que fueran traídos con cadenas desde el continente Africano, (si no era así no venían), a conocer al Dios verdadero. Si lo miramos desde este ángulo vemos que fue la gracia de Dios quien los trajo, sin embargo los habitantes blancos del país no entendieron el plan de Dios y los esclavizaron.

Así tampoco comprenden a los millones de emigrantes que vienen cada año a este país. Ellos vienen de países donde el evangelio es prácticamente prohibido. Dios los trae para que la iglesia los evangelice. ¿Lo estamos haciendo? ¿O nos unimos a los que quieren echarlos fuera y esclavizarlos?

LA REBELIÓN DE ISRAEL EN HOREB

(Estudiar Éxodo 31:18—32.35)

6-10: "Por tanto, sabe que no es por tu justicia que Jehová tu Dios te da esta buena tierra para tomarla; porque pueblo duro de cerviz eres tú. Acuérdate, no olvides que has provocado la ira de Jehová tu Dios en el desierto; desde el día que saliste de la tierra de Egipto, hasta que entrasteis en este lugar, habéis sido rebeldes a Jehová.

ADORANDO AL DIOS APIS, EL MOLOC EGIPCIO

"En Horeb provocasteis a ira a Jehová, y se enojó Jehová contra vosotros para destruiros. Cuando yo subí al monte para recibir las tablas de piedra, las tablas del pacto que Jehová hizo con vosotros, estuve entonces en el monte cuarenta días y cuarenta noches, sin comer ni beber agua; Y me dio Jehová las dos tablas escritas con el dedo de Dios; y en ellas estaba escrito según todas las palabras que os habló Jehová en el monte, de en medio del fuego, el día de la asamblea. Moisés le vuelve a recordar al pueblo sus rebeliones, para que no se crean especiales ni se enorgullezcan porque Dios les da la buena tierra, echando los moradores del país.

Esto es un ejemplo para el creyente para que no caiga en el orgullo del diablo, creyendo que es mejor o más santo que los demás. Es una gran bendición que Cristo nos haya borrado los pecados con su sangre, para con la Suprema Corte de Justicia del Universo. También es una gran bendición que no los borre de la mente, para que el recuerdo de ellos nos mantenga humildes y sumisos.

Verso 11-14: "Sucedió al fin de los cuarenta días y cuarenta noches, que Jehová me dio las dos tablas de piedra, las tablas del pacto. Y me dijo Jehová: Levántate, desciende pronto de aquí, porque tu pueblo que sacaste de Egipto se ha corrompido; pronto se han apartado del camino que yo les mandé; se han hecho una imagen de fundición.

"Y me habló Jehová, diciendo: he observado a este pueblo que es duro de cerviz. Déjame que los destruya, y borre su nombre de debajo del cielo, y yo te pondré sobre una nación fuerte y mucho más numerosa que ellos."

Moisés había estado en el monte, en la presencia de Dios. No necesitaba comer ni beber. Mientras tanto, el pueblo, pensando que Moisés había muerto, sintió pánico. Lo mejor era hacer una imagen del Dios que les había hablado desde el monte. Mas ¿cómo era? Seguro que sería como Moloc, el dios de los cananeos; o como Apis, el dios de los egipcios. ¡Cuán ridículas son las imágenes que el hombre hace Dios! La imagen de Dios es Cristo, y no hay retratos de él.

La imagen que el hombre ha hecho de Jesús es el producto de la imaginación de Leonardo da Vinci catorce siglos después de Cristo. El pintó un hombre rubio, delicado, y triste. Jesús era, según creemos, por el lugar donde nació, de apariencia árabe. La Biblia no dice que era hermoso, al contrario sin hermosura. (Isaías 53.)

Verso 15-19: "Y volví y descendí del monte, el cual ardía en fuego, con las tablas del pacto en mis dos manos. Y miré, y he aquí habías pecado contra Jehová vuestro Dios; os habías hecho un becerro de fundición, apartándoos pronto del camino que Jehová os había mandado. Entonces tomé las dos tablas y las arrojé de mis dos manos, y las quebré delante de vuestros ojos. Y me postré delante de Jehová cuarenta días y cuarenta noches; no comí pan ni bebía agua, a causa de todo vuestro pecado que habíais cometido haciendo el mal ante los ojos de Jehová para enojarlo. Porque temí a causa del furor y de la ira con que Jehová estaba enojado con vosotros para destruiros. Pero Jehová me escuchó aun esta vez."

Moisés le cuenta los detalles de la rebelión del pueblo, de como él destruyó las tablas del pacto de Jehová, dando a entender con ello que el pueblo había roto o violado el pacto.

Verso 20-21: "Contra Aarón también se enojó Jehová en gran manera para destruirlo; y también oré por Aarón en aquel entonces. Y tomé el objeto de vuestro pecado, el becerro que habíais hecho, y lo quemé en el fuego, y lo desmenucé, moliéndolo muy bien, hasta que fue reducido a polvo; y eché el polvo en el arroyo que descendía del monte."

En aquella ocasión Moisés tuvo que interceder también por Aarón, de lo contrario también Dios le hubiera destruido por ceder ante la presión del pueblo y hacerle el becerro. Moisés hizo moler el becerro en fino polvo y lo echó a las aguas y se lo dio a beber al pueblo.

Verso 22: "También en Tabera, en Masah y en Kibrot-hataava provocasteis a ira a Jehová." Esto fue cuando el pueblo murmuró contra Moisés porque no tenía deseo por los alimentos de Egipto, y el Señor les envió codornices (Num. 11.) También les vino una plaga terrible y murió mucha gente. Al lugar se le llamó "Kibrot-hataava", que significa: "Tumba de los codiciosos."

Verso 23: "Y cuando Jehová os envió desde Cades-barnea, diciendo: Subid y poseed la tierra que yo os he dado, también fuisteis rebeldes al mandato de Jehová vuestro Dios, y no creísteis, ni obedecisteis a su voz."

Esto sucedió cuando el pueblo llegó a las fronteras de Canaán, al principio, y enviaron a los doce espías a reconocer la tierra. Cuando regresaron, diez de ellos desanimaron al pueblo para que no subieran. El castigo fueron los cuarenta años de deambular por el desierto hasta que pereciera todo el pueblo de veinte años arriba.

Verso 24-29: "Rebeldes habéis sido a Jehová desde el día que yo os conozco. Me postré, pues, delante de Jehová; cuarenta días y cuarenta noches estuve postrado, porque Jehová dijo que os iba a destruir. Y oré a Jehová, diciendo: Oh Señor Jehová, no destruyas a tu pueblo y a tu heredad que has redimido con tu grandeza, que sacaste de Egipto con mano poderosa.

"Acuérdate de tus siervos Abraham, Isaac y Jacob; no mires a la dureza de este pueblo, ni a su impiedad ni a su pecado, no sea que digan los de la tierra de donde nos sacaste: Por cuanto no pudo Jehová introducirlos en la tierra que les había prometido, o porque los aborrecía, los sacó para matarlos en el desierto. Y ellos son tu

pueblo y tu heredad, que sacaste con tu gran poder y 1-2: "Es con tu brazo extendido."

Con estas explicaciones Moisés le hizo ver a aquella nueva generación, que ellos no eran nada especial, ni que por ser especiales Dios los había escogido, sino más bien por amor y fidelidad al pacto hecho con Abraham, 470 años antes. Así también nos hace el Señor conocer que no hemos sido salvos por buenos, o por buenas obras, sino por la obra redentora de Cristo, y por su gracia infinita que nos llamó y nos dio gracia para recibir su Sacrificio Sustitucionario a favor nuestro.

EL PACTO RENOVADO
Capítulo # 10

(Estudie Éxodo 34:1-10)

1-2: "En aquel tiempo Jehová me dijo: Lábrate dos tablas de piedra como las primeras, y sube a mí al monte, y hazte un arca de madera; y escribiré en aquellas tablas las palabras que estaban en las primeras tablas que quebraste; y las pondrás en el arca."

Las primeras tablas fueron rotas por la violación del pacto del pueblo hebreo. Esto simbolizaba que el primer pacto iba a ser violado por el pueblo, lo que iba a dar lugar a un nuevo pacto, establecido sobre mejores promesas. Note que las segundas tablas debían ser puestas en un arca. Esto simboliza que el nuevo pacto iba a ser puesto en el cuerpo de Cristo, y cumplido por Cristo.

Verso 3-5: "E hice un arca de madera de acacia, y labré dos tablas de piedra como las primeras, y subí al monte con las dos tablas en mi mano. Y escribió en las tablas conforme a la primera escritura, los diez mandamientos que Jehová os había hablado en el monte de en medio del fuego, el día de la asamblea; y me las dio Jehová. Y volví y descendí del monte, y puse las tablas en el arca que había hecho; y allí están, como Jehová me mandó."

Moisés hizo las tablas, y Dios escribió en ellas; entonces las puso en dentro del arca. Allí estaban, pero nadie podía cumplir la ley escrita en ellas por causa de la muerte espiritual que estaba en ellos. Nadie podía tocarlas, ni mirarlas siquiera. Aquella arca es tipo del cuerpo humano de Cristo. El pecado no pudo tocarle, ni mirarle siquiera porque Él es Dios manifestado en carne.

Verso 6-11: "(Después salieron los hijos de Israel de Beerot-bene-jaacán a Mosera; allí Murió Aarón, y allí fue sepultado, y en lugar suyo tuvo el sacerdocio su hijo Eleazar.

"De allí partieron a Gudgoda, y el Gudgoda a Jotbata, tierra de arroyos de aguas. En aquel tiempo apartó Jehová la tribu de Leví para que llevase el arca del pacto de Jehová, para que estuviese delante de Jehová para servirle, y para bendecir su nombre, hasta hoy, por lo cual Leví no tuvo parte ni heredad con sus hermanos; Jehová es su heredad, como Jehová tu Dios le dijo.)

"Y yo estuve en el monte como los primeros días, cuarenta días y cuarenta noches; y Jehová también me escuchó esta vez, y no quiso Jehová destruirte. Y me dijo Jehová: Levántate, anda, para que marches delante del pueblo, para que entren y posean la tierra que juré a sus padres que les había de dar."

Para que nunca pensaran que Dios los ha traído a Canaán por lo especiales que ellos eran, Moisés les relató el milagro de la gracia y la misericordia de Dios por la cual esta nueva generación no había muerto en el desierto. Él le muestra que lejos de merecer el favor de Dios, no habían hecho más que provocar a ira a Dios y exponerse a la muerte.

Aunque Moisés sólo les cuenta de algunos actos de rebelión del pueblo hacia Dios, lo cierto era que el pueblo constantemente estaba provocándole a ira. Aparentemente los de esta nueva generación no eran mejores que la primera. Moisés les mostró que él había actuado como su abogado intercesor. Él es un tipo de Cristo nuestro Abogado Intercesor, porque no somos nosotros mejores que ellos.

LO QUE DIOS EXIGE

12-15: "Ahora, pues, Israel, ¿qué pide Jehová de ti, sino que temas a Jehová tu Dios, que andes en todos sus caminos, que lo ames, y sirvas a Jehová tu Dios con todo tu corazón y con toda tu alma; que guardes los mandamientos de Jehová y sus estatutos, que yo te prescribo hoy, para que tengas prosperidad?

"He aquí, de Jehová tu Dios son los cielos, y los cielos de los cielos, la tierra y todas las cosas que hay en ella. Solamente de tus padres se agradó Jehová para amarlos, y escogió su descendencia después de ellos, a vosotros de entre todos los pueblos, como en este día."

¿Qué pide Dios de nosotros? Lo mismo. Debemos temer a Dios como el Gran Dios y Señor, y amarle como a un buen Dios y Padre. Sólo a él debemos servir con todo el corazón y con toda nuestra alma. Todo lo que hagamos debemos hacerlo gozosos. Debemos guardar sus mandamientos y sus leyes.

Verso 16-22: "Circuncidad, pues, el prepucio de vuestro corazón, y no endurezcáis más vuestra cerviz. Porque Jehová vuestro Dios es Dios de dioses, y Señor de señores, Dios grande, poderoso y temible, que no hace acepción de personas, ni toma cohecho; que hace justicia al huérfano y a la viuda; que ama también al extranjero dándole pan y vestido.

"Amaréis, pues, al extranjero; porque extranjeros fuisteis en la tierra de Egipto. A Jehová tu Dios temerás, y a él sólo servirás, a él seguirás, y por él jurarás. Él es el objeto de tu alabanza, y él es tu Dios, que ha hecho contigo estas cosas grandes y terribles que tus ojos han visto. Con setenta personas descendieron tus padres a Egipto, y ahora Jehová te ha hecho como las estrellas del cielo en multitud."

Habiéndole dado instrucciones de su obediencia a Dios, Ahora Moisés les habla de su amor al prójimo. Esto demanda amar a los extranjeros, recordándoles que ellos habían sido extranjeros en Egipto. Algunos podría protestar que ellos habían nacido en Egipto y que eran ciudadanos egipcios, sin embargo, aunque sus padres también eran nacidos en Egipto, siempre fueron considerados Hebreos, y esclavizados por los egipcios.

Esto nos debe recordar siempre a nosotros la roca de donde fuimos sacados y no maltratar a los extranjeros. Dios ama a los extranjeros y nosotros también debemos amarles y ayudarles. Finalmente se nos enseñan los deberes para con nosotros mismos. "Circuncidad el prepucio de vuestro corazón", esto es, cortar, arrancar, todo afecto mundano e inclinación corrompida, que nos impida temer, amar y servir a Dios.

La circuncisión del corazón, el nuevo nacimiento, nos sirve para ser dóciles al yugo de Dios y a no ser rebeldes. Una cerviz endurecida denota un carácter altivo, que no puede doblegarse en humildad.

Moisés les vuelve a recordar la grandeza de Dios, y les dice que por ello hay que temerle. También deben recordar la bondad y la gracia de Dios, las cuales pertenecen a su Majestad, pues ellas son los dos arroyos de la santidad de Dios. "'l es un Dios infinitamente lejano por su pureza y trascendencia: un Ser infinitamente cercano por su bondad y por su inminencia.

LA GRANDEZA DE JEHOVA
Capítulo # 11

1-7: "Amarás, pues, a Jehová tu Dios, y guardarás sus ordenanzas, sus estatutos, sus decretos y sus mandamientos, todos los días. Y comprended hoy, porque no hablo con vuestros hijos que no han sabido ni visto el castigo de Jehová vuestro Dios, su grandeza, su mano poderosa, y su brazo extendido, y sus señales. Y sus obras que hizo en medio de Egipto a Faraón rey de Egipto, y a toda su tierra;

"Y lo que hizo al ejército de Egipto, a sus caballos y a sus carros; cómo precipitó las aguas del Mar Rojo sobre ellos, cuando venían tras vosotros y Jehová los destruyó hasta hoy; y lo que ha hecho con vosotros en el desierto, hasta que habéis llegado a este lugar; y lo que hizo con Datán y Abirán, hijos de Eliab hijo de Rubén; cómo abrió su boca la tierra, y los tragó con sus familias, sus tiendas y todo su ganado, en medio de todo Israel. Mas vuestros ojos han visto toda las grandes obras que Jehová ha hecho."

"Guardarás sus ordenanzas", esto su Palabra y las ordenanzas de su culto que a ellos había sido confiado y de las cuales eran responsables. A ellos se les ordenaba una y otra vez amar a Dios, pero ellos no podían. Amarle para ellos era obedecerle, y temerle. La obediencia de ellos fluía del temor.

Al creyente no se le ordena amar a Dios; él no puede evitarlo. Al creyente se le ordena amar a sus hermanos. Del amor del creyente fluyen tanto la obediencia como temor al Señor.

Moisés les recuerda la rebelión de Coré, Datán y Abirán. Esto está registrado en Números 16. Él les habla a los más ancianos de ellos quienes recordaban la salida de Egipto, la derrota de Faraón y sus ejércitos, para que se lo contaran a los más jóvenes, para que aprendieran a temer a Dios y guardaran sus mandamientos, sus ordenanzas, sus decretos y estatutos. Todo esto está envuelto en sus mandamientos.

8-32: "Guardad, pues, todos los mandamientos que yo os proscribo hoy, para que seáis fortalecidos, y entréis y poseáis la tierra, a la cual pasáis para tomarla; y para que os sean prolongados los días sobre la tierra, de la cual juró Jehová a vuestros padres, que había de darla a ellos y a su descendencia, tierra que fluye leche y miel."

Cuando el creyente obedece los mandamientos del Señor, y se somete a la ley del amor, es fortalecido y prosperado. A medida que va renovando su mente con la Palabra de Dios, va entrando a la Canaán espiritual y tomando posesión de ella, matando las pasiones y destruyendo todo demonio y circunstancia que se opone a su servicio al Señor. Sus días sobre la tierra son prolongados porque vive en salud.

"La tierra a la cual entráis para tomarla no es como la tierra de Egipto de donde habéis salido, donde sembrabas tu semilla y la regabas con tu pie, como huerto de hortaliza. La tierra a la cual pasáis para tomarla es tierra de montes y de vegas, que bebe las aguas de la lluvia del

cielo; tierra de la cual Jehová tu Dios cuida; siempre están sobre ella los ojos de Jehová, desde el principio del año hasta el fin."

La tierra de Egipto era desértica y polvorienta. Casi nunca llueve. La tierra de sembrar está a orillas del Río Nilo; lo demás es arena. Las cosechas son limitadas a ciertas regiones, y las hortalizas eran de tierra arenosa y suelta. Para el creyente es símbolo de las menguadas bendiciones que el mundo les ofrecía. Eran más las maldiciones que las bendiciones. Las bendiciones eran casi siempre regadas con lágrimas, angustia y temor.

La tierra de Canaán, era una tierra fértil, no plana, sino con vega y montes, donde la lluvia caía a su tiempo, y las cosechas eran abundantes porque es tierra de Dios. Así es la Canaán espiritual, donde vive el creyente con mente renovada, disfrutando de su herencia con los santos en luz. "Los ojos del Señor están sobre los justos, y sus oídos atentos a sus peticiones", dice 1 Pedro 3:12.

Aun el bebé en Cristo que abandona sus pecados vive en una paz maravillosa sin temor. El pecado siempre trae consecuencias. Así que cuando abandona el pecado, se acabaron las consecuencias.

"Si obedeciereis cuidadosamente a mis mandamientos que yo os proscribo hoy, amando a Jehová vuestro Dios, y sirviéndole con todo vuestro corazón y con toda vuestra alma, yo daré la lluvia de vuestra tierra a su tiempo, la temprana y la tardía; y recogerás tu grano, tu vino y tu aceite. Daré también hierba a tu campo para tus ganados; y comerás y te saciarás."

Note las maravillosas promesas de prosperidad que el Señor les dio a los israelitas. La condición para obtenerlas era la obediencia a la Palabra. Como ellos eran un pueblo agricultor, sus bendiciones eran de condiciones favorables. Para el creyente que obedece la Palabra de Dios, las bendiciones que le han sido dadas son tanto espirituales, intelectuales y materiales. 3 Juan 2 dice: "Amado. Yo deseo que tú seas prosperado en todas las cosas así como prospera tu alma."

La obediencia a la Palabra le da al creyente la triple bendición. A medida que su alma prospera con la renovación de su mente, es prosperado financieramente también. El lugar donde trabaja recibe bendición por causa de él. Su negocio prospera. Su Familia prospera.

"Guardarás, pues, que vuestro corazón no se infatúe, y os apartéis y sirváis a dioses ajenos, y os inclinéis a ellos; y se encienda el furor de Jehová sobre vosotros, y cierre los cielos, y no haya lluvia, ni la tierra de su fruto, y perezcáis pronto de la buena tierra que os da Jehová."

Note que la idolatría es una infatuación del corazón. Para los israelitas que conocían al Dios verdadero, la adoración a otros dioses era un desafío a Jehová. Para el creyente, que conoce a Cristo, el volver a la idolatría es rebelión contra el Señor. Que los ignorantes, que no conocen el evangelio adoren sus ídolos no es tan terrible como lo es para un judío o un creyente, quienes tienen conocimiento del Dios verdadero.

"Por tanto pondréis estas mis palabras en vuestro corazón y en vuestra alma, y las ataréis como señal en vuestra mano, y serán por frontales entre vuestros ojos. Y las enseñarás a vuestros hijos, hablando de ellas cuando te sientes y cuando andes por el camino, cuando te acuestes, y cuando te levantes, y las escribirás en los postes de tu casa, y en tus puertas;

"Para que sean vuestros días, y los días de vuestros hijos, tan numerosos sobre la tierra que Jehová juró a vuestro padres que les había de dar, como los días de los cielos sobre la tierra."

Los israelitas usaban porciones de la Palabra en unas cajitas en su frente y en sus manos. También escribían porciones en las puertas de sus casas y debían hablar de ella por el camino y al acostarse y al levantarse.

Esto es muy sugestivo para el creyente. La Palabra en la frente significa el dominio de la misma sobre nuestro proceso pensante. La Palabra en sus manos, simboliza que ella debe guiar nuestra conducta. El escribir porciones en las puertas para el creyente es que nuestra familia sirva al Señor.

La Palabra debe estar en nuestros labios siempre. Toda oración, toda súplica, toda intercesión, debe llevar la parte que Dios pone, que es su Palabra. Debemos hablar a todos el evangelio de Cristo. Este es un mandamiento, no es una opción.

"Porque si guardareis cuidadosamente todos estos mandamientos que yo os prescribo hoy para que los cumpláis, y si amareis a Jehová vuestro Dios, andando en todos sus caminos, y siguiéndole a él, Jehová también echará de delante de vosotros a todas estas naciones, y desposeeréis naciones grandes y más poderosas que vosotros.

"Todo lugar que pisare la planta de vuestro pie será vuestro; desde el desierto hasta el Líbano, desde el río Éufrates hasta el mar occidental será vuestro territorio. Nadie se sostendrá delante de vosotros; miedo y temor de vosotros pondrá Jehová vuestro Dios sobre toda la tierra que pisareis, como él os ha dicho."

Si los israelitas guardaban los mandamientos y amaban a Dios y le temían Dios les prometía darles grandes extensiones de tierra a ellos y a sus descendientes. Desde el Mar Mediterráneo, hasta el río Éufrates; y desde Arabia, hasta el Líbano, en Siria. Todo lo que su pie pisare sería de ellos. Y nadie podría hacerles frente. Ya Dios les había dado las tierras, lo que ellos tenían que hacer era ocupar el territorio.

Algunos creyentes bebés, guiados por ciegos, guías de ciegos, han tomado esta Escritura literalmente y han caminado alrededor de propiedades que el Señor no les ha dado, reclamando tal propiedad. Ellos olvidan que Dios no se la ha dado. Si El Señor nos da la propiedad, la podemos reclamar, pero si no nos la ha dado, es inútil que marchemos a su alrededor. Lo único que haremos será frustrarnos.

"He aquí yo pongo delante de vosotros la bendición y la maldición; la bendición, si oyereis los mandamientos de Jehová vuestro Dios, que yo os prescribo hoy, y la maldición, si no oyereis los mandamientos de Jehová vuestro Dios, y os apartareis del camino que yo os ordeno hoy, para ir en pos de dioses ajenos que no habéis conocido.

"Y cuando Jehová tu Dios te haya introducido en la tierra a la cual vas para tomarla, pondrás la bendición sobre el monte Gerizím, y la maldición sobre el monte Ebal, los cuales están al otro lado del Jordán, tras el camino del occidente en la tierra del cananeo, que habita en el Arabá frente a Gilgal, junto al encinar de More.

"Porque vosotros pasáis el Jordán para ir a poseer la tierra que os da Jehová vuestro Dios; y la tomaréis, y habitaréis en ella. Cuídate, pues, de cumplir todos los estatutos y decretos que yo presento hoy delante de vosotros."

LOS MONTES EBAL Y GERIZIM

El Señor les dio a escoger la bendición o la maldición. Las maldiciones y las bendiciones las estaremos estudiando más adelante en los capítulos 27 y 28 de este mismo Libro.

EL SANTUARIO UNICO
Capítulo 12

1-3: "Estos son los estatutos y decretos que cuidaréis de poner por obra en la tierra que Jehová el Dios de tus padres te ha dado para que tomes posesión de ella, todos los días que vosotros viviereis sobre la tierra.

"Destruiréis enteramente todos los lugares donde las naciones que vosotros heredaréis sirvieron a sus dioses, sobre los montes altos, y sobre los collados, y debajo de todo árbol frondoso. Derribaréis sus

altares, y quebraréis sus estatuas, y sus imágenes de Asera consumiréis con fuego; destruiréis las esculturas de sus dioses, y raeréis su nombre de aquel lugar."

Aquí tenemos los estatutos y decretos que el Señor le dio al pueblo de Israel. El primer decreto: La orden es de destruir del todo estatuas, imágenes, lugares de culto a los dioses paganos para que no se sientan tentados a adorarlos.

Verso 4-7: "No haréis así a Jehová vuestro Dios, sino que el lugar que Jehová vuestro Dios escogiere de entre todas vuestras tribus, para poner allí su nombre para su habitación, ése buscaréis y allá iréis. Y allí llevaréis vuestros holocaustos, vuestros sacrificios, vuestros diezmos, y la ofrenda elevada de vuestras manos, vuestras ofrendas voluntarias, y las primicias de vuestras vacas y de vuestras ovejas; y comeréis allí delante de Jehová vuestro Dios, y os alegraréis, vosotros y vuestras familias, en toda obra de vuestras manos, en la cual Jehová tu Dios te hubiere bendecido."

EL TABERNÁCULO

El segundo decreto: No debían hacer sus sacrificios, ofrendas y holocaustos en cualquier lugar, sino en el lugar que Dios escogiera. Allá debían ir. Ellos no debían hacer como los paganos que levantaban sus lugares de adorar ídolos en los montes, en los collados y debajo de los árboles frondosos. A Asera se le conoce como la diosa de las encinas. Los indios aun la adoran con el "totem pole." Note que donde quiera que hay una "aparición" le hacen un altar. Esta es una costumbre pagana que Dios abomina y manda a destruir porque es idolatría.

Verso 8-12: "No haréis como todo lo que hacemos aquí ahora, cada uno lo que bien le parece, porque hasta ahora no habéis entrado al reposo y a la heredad que os da Jehová vuestro Dios.

"Más pasaréis el Jordán, y habitaréis en la tierra que Jehová vuestro Dios os hace heredar; y él os dará reposo de todos vuestros enemigos alrededor, y habitaréis seguros. Y al lugar que Jehová vuestro Dios escogiere para poner en él su nombre, allí llevaréis todas las cosas que yo os mando; vuestros holocaustos, vuestros sacrificios, vuestros diezmos, las ofrendas elevadas de vuestras manos, y todo lo escogido de los votos que hubieres prometido a Jehová.

"Y os alegraréis delante de Jehová vuestro Dios, vosotros, vuestros hijos, vuestras hijas, vuestros siervos y vuestras siervas, y el levita que habite en vuestras poblaciones; por cuanto no tiene parte ni heredad con vosotros."

El segundo decreto: Cuando estuvieren ya en sus tierras en Canaán, debía ir al lugar que Dios hubiera escogido a llevar sus sacrificios. Ellos debían llevar sus familias y sus siervos, y a los levitas que vivieren allí. Aquí aprendemos a llevar nuestros familiares y nuestros niños a los servicios al Señor.

Versos 13-14: "Cuídate de no ofrecer tus holocaustos en cualquier lugar que vieres; sino que el lugar que Jehová escogiere, en una de las tribus, allí ofrecerás tus holocaustos, y allí harás todo lo que yo te mando."

Josué 18:1 dice que el tabernáculo fue puesto en Siloh, en tierra de Efraín, 16 kilómetros al norte de Betel. 400 años más tarde, el rey David llevó el arca a Jerusalén a territorio de Judá.

Verso 15-16: "Con todo, podrás matar y comer carne en todas tus poblaciones conforme a tu deseo, según la bendición que Jehová tu Dios te haya dado; el inmundo y el limpio la podrá comer, como la de gacela y ciervo. Solamente que sangre no comeréis; sobre la tierra la derramaréis como agua."

Aquí tenemos el tercer decreto. No comer sangre. Los israelitas podían comer animales limpios en cualquier lugar, pero la sangre debía ser derramada en tierra.

Verso 17-18: "No comerás en tus poblaciones el diezmo de tu grano, de tu vino o de tu aceite, ni las primicias de tus vacas, ni de tus ovejas, ni los votos que prometieres, ni las ofrendas voluntarias, ni las ofrendas elevadas de tus manos, sino que delante de Jehová tu Dios las comerás, en el lugar que Dios hubiere escogido, tú, tu hijo, tu hija, tu siervo, tu sierva, y el levita que habita en tus poblaciones; te alegrarás delante de Jehová tu Dios de toda la obra de tus manos."

El cuarto decreto: No usar los diezmos en lo que a ellos bien le parecía. Los diezmos, las ofrendas, los sacrificios, los votos, y las primicias debían ser llevados al lugar donde Dios había establecido el tabernáculo. En el tabernáculo, fuera del atrio, el sacerdote y su familia, el adorador y su familia se reunían a comer juntos las ofrendas de paz.

Verso 19: "Ten cuidado de no desamparar al levita en todos tus días sobre la tierra." *Este es el quinto decreto. Los israelitas debían cuidar y suplir a los levitas lo que necesitaban. Así la Iglesia; nosotros, no podemos desamparar a nuestros ministros.*

Verso 20-22: "Cuando Jehová tu Dios ensanchare tu territorio, como él te ha dicho, y tú dijeres: Comeré carne, porque deseaste comerla, conforme a los que deseaste podrás comer.

"Si estuviere lejos de ti el lugar que Jehová tu Dios escogiere para poner allí su nombre, podrás matar de tus vacas y de tus ovejas que Jehová te hubiere dado, como te he mandado yo, y comerás en tus

puertas según todo lo que deseares. Lo mismo que se come la gacela y el ciervo, así las podrás comer; el inmundo y el limpio podrá también comer de ellas."

Dios le dio el permiso de matar y comer en sus hogares de los animales limpios.

Versos 23-25: "Solamente que te mantengas firme en no comer sangre; porque la sangre es la vida, y no comerás la vida juntamente con la carne. No la comerás; en tierra la derramarás como agua. No comerás de ella, para que te vaya bien a ti y a tus hijos después de ti, cuando hicieres lo recto ante los ojos de Jehová."

Aquí Moisés le repite el decreto de no comer sangre. La sangre es la vida. Está probado que la mayoría de las enfermedades están en la sangre. Ha llegado el tiempo en que la ciencia, por la sangre, puede ver la condición de todo el cuerpo humano.

¿Deberemos dar o recibir sangre de otra persona? ¡Si! Cristo nos ha dado una transfusión de sangre a cada creyente. Es por ella que tenemos vida. En casos de operaciones, debemos donar nuestra propia sangre para que no se nos de sangre de otra persona porque puede estar contaminada, pero en casos desesperados, como accidentes, para salvar una vida, podemos recibir sangre.

El creyente está en las manos del Señor. Oremos para que nos libre de los accidentes.

Verso 26-27: "Pero las cosas que hubieres consagrado, y tus votos, las tomarás, y vendrás con ellas al lugar que Jehová hubiere escogido; y ofrecerás tus holocaustos, la carne y la sangre, sobre el altar de Jehová tu Dios; y la sangre de tus sacrificios será derramada sobre el altar de Jehová tu Dios, y podrás comer la carne."

Verso 28. "Guarda y escucha todas estas palabras que yo te mando, para que haciendo lo bueno y lo recto ante los ojos de Jehová tu Dios, te vaya bien a ti y a tus hijos después de ti para siempre."

La bendición que se recibe por la obediencia a los mandamientos, decretos y estatutos del Señor, alcanza a los hijos por mil generaciones de los que los cumplen.

ADVERTENCIA CONTRA LA IDOLATRIA

29-31: *"Cuando Jehová tu Dios haya destruido delante de ti las naciones adonde tú vas para poseerlas, y las heredes, y habites en su tierra, guárdate que no tropieces yendo en pos de ellas, después que sean destruidas delante de ti; no preguntes acerca de sus dioses, diciendo: De la manera que servían aquellas naciones a sus dioses, yo también les serviré.*

"No harás así a Jehová tu Dios; porque toda cosas abominable que Jehová aborrece, hicieron ellos a sus dioses; pues aun a sus hijos y a sus hijas quemaban al fuego a sus dioses. Cuidarás de hacer todo lo que yo te mando; no añadirás a ello, ni de ello quitarás."

¿Por qué Dios abomina la idolatría? Porque es adoración a Satanás y a los demonios. Los cananeos ofrecían a sus hijos en holocausto a sus dioses. Otros dioses eran adorados con orgías sexuales y ayuntamiento con animales que degradaban al ser humano.

LOS FALSOS PROFETAS

Capítulo # 13

1-5: *"Cuando se levantare en medio de ti profeta, o soñador de sueños, y te anunciare señal o prodigios, y si se cumpliere la señal la señal o prodigio que él te anunció, diciendo: Vamos en pos de dioses ajenos, que no conociste, y sirvámosle;*

"No darás oído a las palabras de tal profeta, no al tal soñador de sueños: porque Jehová vuestro Dios os está probando, para saber si amáis a Jehová vuestro Dios con todo vuestro corazón, y con toda vuestra alma.

"En pos de Jehová vuestro Dios andaréis; a él temeréis, guardaréis sus mandamientos y escucharéis su voz, a él serviréis, y a él seguiréis. Tal profeta o soñador de sueños ha de ser muerto por cuanto aconsejó rebelión contra Jehová vuestro Dios que te sacó de

Egipto y te rescató de casa de servidumbre, y trató de apartarte del camino por el cual Jehová tu Dios te mandó que anduvieseis; y a si quitarás el mal de en medio de ti."

Este es el sexto decreto. Es contra los falsos profetas. En aquel tiempo debían morir por incitar al pueblo a la idolatría, que es rebelión contra Jehová. 1 Juan 4:1-3 nos enseña como probar los falsos profetas. "Amados, no creáis a todo espíritu, sino probad los espíritus, si son de Dios; porque muchos falsos profetas han salido por el mundo."

¿Qué espíritu es el que debemos probar? El de los profetas. "En esto conoced el Espíritu de Dios: Todo espíritu que confiesa que Jesucristo ha venido en carne, es de Dios; y todo espíritu que no confiesa que Jesucristo ha venido en carne, no es de Dios; y este es el espíritu del anticristo, el cual vosotros habéis oído que viene, y que ahora está en el mundo."

Así que todo el que cree que María quedó virgen después del nacimiento de Cristo, no cree que Jesucristo vino en carne. Si Jesucristo vino en carne, abrió matriz. Si pasó como el rayo de sol a través del cristal, no vino en carne, sino en espíritu, por lo que deducimos que esta doctrina es del anticristo. Si el que inventó semejante barbaridad hubiera sido apedreado, no tendríamos tanta gente llamada cristiana envuelta en la idolatría.

Verso 6-11: "Si te incitare tu hermano, hijo de tu madre, o tu hijo, tu hija, tu mujer, o tu amigo íntimo, diciendo en secreto: Vamos y sirvamos a dioses ajenos que ni tú ni tus padres conocisteis, de los dioses de los pueblos que están en vuestros alrededores, cerca de ti o lejos de ti, desde un extremo de la tierra hasta el otro extremo de ella; no consentirás con él, ni le prestarás oído;

"Ni tu ojo le compadecerá, ni le tendrás misericordia, ni lo encubrirás, sino que lo matarás; tu mano se alzará primero sobre él para matarle, y después la mano de todo el pueblo.

"Le apedrearás hasta que muera, por cuanto procuró apartarte de Jehová tu Dios, que te sacó de la tierra de Egipto, de casa de servidumbre; para que todo Israel oiga, y tema, y no vuelva a hacer en medio de ti cosa semejante a esta."

Este es el séptimo decreto. El de matar a todo el que tratara de incitar a algún israelita a la idolatría. No importaba que fuera hijo, hija, mujer, o amigo, debía morir sin misericordia. Pero ¿qué dice el nuevo Testamento? Que para seguir a Cristo debemos estar dispuestos a dejar a los familiares más queridos si ellos se oponen a nuestra fe. (Mateo 19:29.)

Parecía imposible que un israelita, con capa de profeta pretendiera llevar al pueblo a la idolatría. Sin embargo vemos lo mismo en ciertas ramas que profesan ser cristianos llevando a las multitudes a la idolatría, adorando imágenes y estatuas de santos y ángeles, cosas que Dios aborrece.

Verso 12-17: "Si oyeres que se dice de alguna de tus ciudades que Jehová tu Dios te da para vivir en ellas, que han salido de en medio de ti hombres impíos que han instigado a los moradores de la ciudad, diciendo: Vamos y sirvamos dioses ajenos, que vosotros no conocisteis; tú inquirirás, y buscarás y preguntarás con diligencia; y si pareciese verdad, cosa cierta, que tal abominación se hizo en medio de ti, irremisiblemente herirás a filo de espada a los moradores de aquella ciudad, destruyéndola con todo lo que en ella hubiere, y también matarás sus ganados a filo de espada.

"Y juntarás todo su botín en medio de la plaza, y consumirás con fuego la cuidad y todo el botín, todo ello, como holocausto a Jehová tu Dios, y llegará a ser un montón de ruinas para siempre; nunca más será edificada.

"Y no se pegará a tu mano nada del anatema, para que Jehová se aparte del ardor de su ira, y tenga de ti misericordia, y tenga compasión de ti, y te multiplique como lo juró a sus padres, cuando obedecieres a la voz de Jehová tu Dios, guardando todos los mandamientos que yo te mando hoy, para hacer lo recto ante los ojos de Jehová tu Dios."

Este es el octavo decreto. Era contra la ciudad que permitiera en sus medios la idolatría. Los habitantes debían ser muertos con todo y ganado, y la ciudad consumida con el fuego. ¿Por qué un juicio tan severo a los culpables? Porque no estaban ignorantes del decreto. Si se envolvían en la idolatría, lo hacían con pleno conocimiento del decreto divino, y merecían la muerte.

Una cosa era ser idólatra pagano, por ignorancia, y otra muy distinta es volverse idólatra después de haber recibido el conocimiento de la Palabra. En Apocalipsis 17 y 18 vemos el juicio de la grande ramera. Ella será quemada con fuego por haber practicado la idolatría. Allí hay un llamado a salir de ella antes que le venga el juicio y los llamados participen de sus plagas y sus juicios.

Capítulo # 14

1-2: "Hijos sois de Jehová vuestro Dios; no os sajaréis, ni raparéis a causa de muerto. Porque eres pueblo santo a Jehová tu Dios, y Jehová os ha escogido para que le seas un pueblo único de entre todos los pueblos que están sobre la tierra."

Este es el noveno decreto. Los paganos tenían la costumbre de cortarse para expresar su dolor por los muertos. Ellos también se sajaban cuando suplicaban a sus ídolos. (1Reyes 18: 28.) Ellos pensaban que con el derramamiento de su sangre aplacaban la ira de los dioses infernales a quienes servían.

A los israelitas se le prohibía esta práctica porque como hijos de un Dios bueno, debían acatar sus órdenes con paciencia y resignación. Él sabe lo que es mejor para nosotros. Tanto a ellos como a nosotros se nos ordena no desfigurar el cuerpo. El creyente no debe dejarse dominar por la tristeza por la muerte de un ser querido, sino anhelar compartir la suerte de los que pasan a morar en la presencia del Señor. (1Tes. 4:13.)

ANIMALES LIMPIOS E INMUNDOS

3-6: "Nada abominable comerás. Estos son los animales que podréis comer: el buey, la oveja, la cabra, el ciervo, el corzo, el íbice, el antílope y el carnero montés. Y todo animal de pezuñas, que tienen hendidura de dos uñas, y que rumiare entre los animales podéis comer."

Este es décimo decreto. Los israelitas debían distinguirse de los paganos hasta en la alimentación. El Señor estableció la clase de animales que los israelitas podían comer. Todos los que tuvieran uña hendida en dos, y que rumiaran. El íbice mencionado aquí es una clase de cabras.

Verso 7-8: "Pero estos no comeréis, entre los que rumian o entre los que tienen pezuña hendida, mas no rumia; os será inmundo. De la carne de éstos no comeréis, ni tocaréis sus cuerpos muertos."

Los israelitas debían abstenerse de muchas carnes ceremonialmente inmundas que eran alimentos comunes de los paganos; que son sanas aunque tal vez no tan sanitarias.

Verso 9-10: "De todo lo que está en el agua, de éstos podréis comer. Mas todo lo que ni tiene aleta y escama, no comeréis; inmundo será." Note que se le permitía comer solo los peces que tienen escamas y aletas. Todo lo demás que vive en el agua era inmundo y prohibido.

Verso 11-18 "Toda ave limpia podréis comer. Y estas son las que no podréis comer: el águila, el quebrantahuesos, el azor, el gallinazo, el milano según su especie, todo cuervo, según su especie, el avestruz, la lechuza, la gaviota, y el gavilán según sus especies, el búho, el ibis, el calamón el somormujo, la cigüeña, la garza según su especie, la abubilla y el murciélago."

El quebranta huesos; el milano y el azor, son diferentes clases de halcón. El somormujo puede ser de clase de los pelícanos, que pesca debajo del agua; y la abubilla, es un pájaro parecido a la paloma, que tiene plumas en la cabeza y vivos colores. El ibis el ave zancuda y el calamón es la gallina acuática. Todas estas aves son de rapiña, y pertenecen el ejército de sanidad del Señor.

Verso 19: Todo insecto alado será inmundo." En Lev. 11:20-22 aclara que todo insecto alado que anduviere en cuatro patas será abominable. Todo insecto alado que tuviere piernas además de sus patas para saltar con ellas, se pueden comer, como la langosta, el langostín, el argol y el hagab."

La langosta es parecida a la esperanza. El argol es el saltamontes, y el hagab es el escarabajo. Entendemos claro que este decreto era para los israelitas. Ellos tenían que ver con la ley ceremonial, no con la ley moral, ya que aunque no podían comer la carne de ciertos animales, podían venderla a los extranjeros, como vemos en el verso 21.

"Ninguna cosa mortecina comeréis; al extranjero que está en tus poblaciones la darás, y él podrá comerla; o véndela a un extranjero, porque tú eres pueblo santo a Jehová. No cocerás el cabrito en la leche de su madre."

No debía cocinarse el cabrito en la leche de su madre era prohibido, porque esta era un fórmula mágica que practicaban los paganos para adora a Pan el dios de los sembrados.

¿Debe el creyente seguir la regla de no comer animales ceremonialmente inmundos? ¡Si! Está claro que como lo ceremonial, ya este decreto no está en vigencia en la era del evangelio, (Col. 2:16.) Todo lo que Dios creó es bueno y debemos comerlo con acción de gracias, (1Ti. 4:4, Hechos 10:15.) Sin embargo comer cualquier animal que haya muerto de muerte natural no es bueno para la salud.

LA LEY DE LOS DIEZMOS

22-29: "Indefectiblemente diezmarás todo el producto del grano que rindiere tu campo cada año. Y comerás delante de Jehová tu Dios en el lugar que él escogiere para poner allí su nombre, el diezmo de tu grano, de tu vino, y de tu aceite, y las primicias de tus manadas, y de tus ganados, para que aprendas a temer a Jehová tu Dios todos los días."

Los israelitas mostraban su temor a Dios al cumplir con sus diezmos y primicias. La obediencia a estos decretos, era una señal de su fe en el Dios del pacto. Así también el creyente demuestra su temor y su fe en el Señor.

"Y si el camino fuere tan largo que no puedas llevarlo, por estar lejos de ti el lugar que Dios hubiere escogido para poner en él su nombre, cuando Jehová tu Dios te bendijere, entonces lo venderás y guardarás el dinero en tu mano, y vendrás al lugar que Jehová tu Dios escogiere; y darás el dinero por todo lo que deseas, por vacas, o por vino, por sidra, o por cualquier cosa que tú desearas; y comerás allí delante de Jehová tu Dios, y te alegrarás tú y tu familia."

Si el lugar que Dios escogiere estuviera lejos, entonces venderían el diezmo, y lo traerían a la casa de Dios. Allí volverían a comprar para presentarlo al Señor. Al comerlo en el lugar santo, era señal de su dependencia de Dios.

"Y no desampararás al levita que habitare en tus poblaciones; porque no tiene parte ni heredad contigo. Al fin de cada tres años sacarás todo el diezmo de tus productos de aquel año, y lo guardarás en tus ciudades.

"Y vendrá el levita, que no tienen parte ni heredad contigo, y el extranjero, el huérfano u la viuda que hubiere en tus poblaciones, y comerán y serán saciados; para que Jehová tu Dios te bendiga en toda obra que tus manos hicieren."

Note que cada tres años, en los años 3 y 6 la tercera parte del diezmo debía estar guardado en casa para darle al levita, al extranjero, al huérfano y a la viuda. Al mismo tiempo se le entregaba al levita su parte anual correspondiente al primer diezmo, (Números 18:21.) Esta parte debía estar almacenada dentro del recinto de las ciudades.

EL AÑO DE LA REMISION

Capítulo # 15

1-6 "Cada año harás remisión. Y esta es la remisión: perdonará a su deudor todo aquel que hizo empréstitos de su mano, con el cual obligó a su prójimo: no lo demandará más a su prójimo, o a su hermano, porque es pregonada la remisión de Jehová. Del extranjero demandarás el reintegro; pero lo que tu hermano tuviere tuyo, lo perdonará tu mano, para que así no haya en medio de ti mendigo;

Porque Jehová te bendecirá con abundancia en la tierra que Jehová tu Dios te da por heredad para que la tomes en posesión, si escuchares fielmente la voz de Jehová tu Dios, para guardar y cumplir todos sus mandamientos que yo te ordeno hoy. Ya Jehová tu Dios te habrá bendecido como te ha dicho, prestarás entonces a muchas naciones, mas tú no tomarás prestado; tendrás dominio sobre muchas naciones, pero sobre ti no tendrá dominio

Vemos aquí una ley para aliviar a los deudores pobres. Cada siete años había un año de remisión, en el cual no se trabajaba la tierra, y los esclavos eran dejados en libertad. Entre estos actos de misericordia se le perdonaba la deuda al que había tomado prestado y no había podido devolverlo antes. Sin embargo, si la persona prosperaba más tarde, podía devolver lo que había tomado prestado por causa de la conciencia, más el acreedor no podía reclamarlo por la ley.

PRESTAMOS A LOS POBRES

7-11: "Cuando haya en medio de ti menesteroso de alguno de tus hermanos en alguna de tus ciudades, en la tierra que Jehová tu Dios te da, no endurezcas tu corazón, ni cerrarás tu mano contra tu hermano pobre, sino abrirás tu mano liberalmente, y en efecto le prestarás lo que necesite."

Siempre habría pobres entre los israelitas. Esto era así para darles la oportunidad de ejercitar la caridad. Así entre los creyentes hay pobres para que nos ejercitemos en el amor.

"Guárdate de en tu corazón pensamiento perverso, diciendo: Cerca está el año séptimo, el de la remisión, y mires con malos ojos a tu hermano menesteroso para no darle; porque él podrá clamar contra ti a Jehová, y se te contará como pecado. Sin falta le darás, y no serás de mezquino corazón cuando le des; porque por ello te bendecirá Jehová tu Dios es todos tus hechos, y en todo lo que emprendas. Porque no faltarán menesterosos en medio de la tierra; por eso yo te mando, diciendo: Abrirás tu mano a tu hermano, al pobre y al menesteroso."

Aquí Moisés les previene contra la mezquindad de corazón. Prov. 21. 13 dice: *"El que cierra su oído al clamor del pobre, También él clamará, y no será oído."* Prov. 19:17 dice: ¿Cómo mostraremos el amor que hay en nuestro corazón, si teniendo no compartimos con los pobres y necesitados?

LEYES SOBRE LOS ESCLAVOS

12-18: "Si se vendiere a ti tu hermano hebreo o hebrea, y te hubiere servido seis años, al séptimo le despedirás libre. Y cuando lo despidieres libre, no le enviarás con las manos vacías. Le abastecerás liberalmente de tus ovejas, de tu era, y de tu lagar; le darás de aquello que Jehová te hubiere bendecido. Y te acordarás de que fuiste siervo en la tierra de Egipto, y que Jehová tu Dios te rescató; por tanto yo te mando esto hoy."

Este decreto era hacia los esclavos hebreos. Cuando alguno necesitaba dinero se vendía a alguien para trabajar para él. Cuando llevaba seis años legalmente quedaba libre. Entonces debía dársele del producto de su trabajo, para que volviera a su familia con algo que le permitiera levantarse de nuevo financieramente.

" Si él te dijere: No te dejaré; porque te ama a ti y a tu casa, y porque le va bien contigo; entonces tomarás una lesna, y horadarás su oreja contra la puerta, y será tu siervo para siempre; así también harás a tu criada. No te parezca duro cuando le enviares libre, pues por la mitad del costo de un jornalero te sirvió seis años; y Jehová tu Dios te bendecirá en todo cuanto hicieres."

Muchos esclavos no deseaban abandonar a sus amos que le trataban bien. Entonces la ley mandaba que quedaran en la casa para siempre, pero debían ser señalados como siervos para siempre.

En el Salmo 46:6 dice "Has horadado mis oídos." Hebreos 10:5 dice: "Me preparaste cuerpo." Fil 2:7-8 dice que Cristo fue obediente hasta la muerte. Él fue esclavo voluntario hasta la muerte por nosotros en obediencia al Padre. Él vivía para hacer la voluntad del Padre, como el esclavo vive de la mesa de su amo. El oído es el órgano que recibe la orden, y el cuerpo es el instrumento con que se cumple la orden.

CONSAGRACION DE LOS PRIMOGENITOS MACHOS

19-23: "Consagrarás a Jehová tu Dios todo primogénito de tus vacas y de tus ovejas; no te servirás del primogénito de tus vacas, ni trasquilarás el primogénito de tus ovejas. Delante de Jehová tú Dios los comerás cada año, tú y tu familia, en el lugar que Jehová escogiere.

"Y si hubiere en él defecto, si fuere ciego, o cojo, o hubiera en él cualquier falta, no lo sacrificarás a Jehová tu Dios. En tus poblaciones lo comerás; el inmundo lo mismo que el limpio comerán de él, como de una gacela o de un siervo. Solamente que no comas su sangre; sobre la tierra la derramarás."

El primogénito macho de las vacas, de las cabras, y de las ovejas eran consagrados a Jehová. El animal que no era perfecto se lo debían comer en sus poblaciones.

(Estudie Éxodo 23: 14-17)

1-2: "Guardarás el mes de Abib, y harás pascua a Jehová tu Dios; porque en el mes de Abib te sacó Jehová de Egipto, de noche. Y sacrificarás la pascua a Jehová tú Dios, de las ovejas y de las vacas, en el lugar que Jehová escogiere para que habite allí su nombre.

3-4: "No comerás con ella pan con levadura; siete días comerás pan sin levadura, pan de aflicción, porque aprisa saliste de tierra de Egipto; para que todos los días de tu vida te acuerdes del día que saliste de la tierra de Egipto. Y no se verá levadura contigo en todo tu territorio por siete días; y de la carne que matarás en la tarde del primer día, no quedará hasta la mañana."

El pueblo hebreo tiene dos calendarios: El secular y el Sagrado. Los gentiles tienen el calendario Juliano. El primero de mes del año sagrado comienzan con la luna nueva; de modo que los meses son de 28 días. El primer mes del año sagrado es Abib o Nisán: Entre Marzo y Abril, es el mes séptimo del año secular. Se celebra la Pascua el día 14 y el día 15, comienza la fiesta de los panes sin levadura por siete días. En este mes nació Juan el Bautista. El segundo es Ziv: es el mes octavo del año secular, entre Abril y Mayo.

El tercer mes es Siván. Este es el noveno mes del año secular. Este cae entre Mayo y Junio. En este mes se celebra la fiesta de Pentecostés. Este fue el mes que el ángel visitó a Zacarías. El cuarto mes es el de Tammuz, es el décimo del año secular, y se celebra entre Junio y Julio. Este fue el mes que Elizabeth quedó encinta. El quinto mes es Ab, es el onceavo del año secular, y cae entre Julio y Agosto. El sexto mes es Elul, es el doceavo del año secular. Este cae entre Agosto y Septiembre.

El séptimo es Tishri, y es el año nuevo del año secular, y cae entre Septiembre y Octubre. Este fue el mes que Jesús nació. El día primero de este mes se celebra la fiesta de las trompetas. En el día diez se celebra el gran día de la Expiación. El día quince se celebra la fiesta de los Tabernáculos por siete días. El octavo es Bul, es el segundo mes del año secular, y cae entre Octubre y Noviembre.

El noveno es Chislew, es el tercer mes del año secular y cae entre Noviembre y Diciembre. En este mes se celebra la fiesta de Hanukah, y la de la dedicación del altar que levantaron los Macabeos. El décimo es Tebesh, es el cuarto mes secular y cae entre Diciembre y enero. Fue en este mes que María quedó encinta y visitó a Elizabeth. El onceavo es Shebat, es el quinto mes secular y cae entre Enero y Febrero

El doceavo es Adar, y es el sexto mes secular y cae entre Febrero y Marzo. En este mes se celebra la fiesta de Purim, o la liberación del pueblo judío por la intercesión de la reina Esther, 509 años A.C.

La pascua debía celebrarse solamente en Silo donde estaría el tabernáculo, y más tarde en Jerusalén. El cordero pascual debía ser asado. Esto es un tipo de Jesús en el vientre de la tierra. ¿Se da cuenta por qué Jesús no podía morir sino en el Calvario en las afueras de Jerusalén?

Él no podía morir en otro lugar. Tenía que ser en Jerusalén. Él fue el Cordero

pascual que nos dio la liberación del dominio del diablo.

COMIENDO LA PASCUA

Verso 5-7: "No podrás sacrificar la pascua en cualquiera de las ciudades que Jehová tu Dios te da; sino en el lugar que Jehová tu Dios escogiere para que habite allí su nombre, sacrificarás la pascua por la tarde, a la puesta del sol, a la hora que saliste de Egipto. Y la asarás y comerás en el lugar que Jehová tu Dios hubiere escogido; y por la mañana volverás a tu habitación."

Verso 8: "Seis días comerás pan sin levadura, y el séptimo será fiesta solemne a Jehová tu Dios; no trabajarás en él." Esta es la fiesta de los panes sin levadura. Fue por esto que el cuerpo de Jesús debía ser quitado de la cruz. (Juan 19:31.) No era sábado, como creen algunos.

Verso 9: "Siete semanas contarás; desde que comenzare a meterse la hoz en las mieses comenzarás a contar las siete semanas. Y harás la fiesta solemne de las semanas a Jehová tu Dios; de la abundancia voluntaria de tu mano será lo que dieres, según Jehová tu Dios te hubiere bendecido.

"Y te alegraras delante de Jehová tu Dios, tú, tu hijo, tu hija, tu siervo, tu sierva, el levita que habitare en tus ciudades, el extranjero, el huérfano y la viuda que estuvieren en medio de ti, en el lugar que Jehová tu Dios hubiere escogido para poner allí su nombre. Y acuérdate de que fuiste siervo en Egipto; por tanto, guardarás y cumplirás estos estatutos."

Esta era la fiesta de Pentecostés. Esta se celebra cincuenta días después de la Pascua en el mes de Siván. Entre Mayo y Junio. Era la fiesta de los primeros frutos. En esta fiesta se debían traer las ofrendas voluntarias. En esta fiesta todo israelita debía presentarse ante Jehová en Silo primero; y desde los tiempos de David, a Jerusalén.

Verso 13-15: "La fiesta solemne de los tabernáculos harás por siete días, cuando hayas hecho la cosecha de tu era y tu lagar. Y te alegrarás en tus fiestas solemnes, tu, tu hijo, tu hija, tu siervo, tu sierva, y el levita, el extranjero, el huérfano y la viuda que viven en tus poblaciones.

"Siete días celebrarás fiesta solemne a Jehová tu Dios en el lugar que él escogiere; porque te habrá bendecido Jehová tu Dios en todos tus frutos, y en toda la obra de tus manos, y estarás verdaderamente alegre."

Esta es la fiesta de los tabernáculos, que se celebra a los quince días del mes Tishri, en el mes de Septiembre y Octubre, en la luna nueva. El día primero era el día de las trompetas, el año nuevo judío. El día diez era el día de la gran Expiación; y el día quince daba comienzo la semana de la fiesta de los Tabernáculos.

Verso 16-17: "Tres veces cada año aparecerá todo varón tuyo delante de Jehová tu Dios en el lugar que él escogiere; en la fiesta solemne de los panes sin levadura, y en la fiesta de las semanas, y en la fiesta solemne de los tabernáculos. Y ninguno se presentará delante de mí con las manos vacías; cada uno con la ofrenda de su mano, conforme a la bendición que Jehová tu Dios te hubiere dado."

Todo israelita debía presentarse tres veces al año ante Jehová con sus diezmos sus primicias y sus ofrendas voluntarias. Nadie debía presentarse con las manos vacías. Todo creyente debe presentarse al templo por lo menos el domingo, y no debe presentarse con las manos vacías. Todos deben traer, sus diezmos y sus ofrendas al Señor. Él es el mismo ayer hoy y por los siglos.

ADMINSTRACION DE LA JUSTICIA

18- 21: *"Jueces y oficiales pondrás en todas tus ciudades que Jehová tu Dios te dará en tus tribus, los cuales juzgarán al pueblo con justo juicio. No tuerzas el derecho; no tomes soborno; porque el soborno ciega los ojos de los sabios, y pervierte las palabras de los justos. La justicia, la justicia seguirás, para que vivas y heredes la tierra que Jehová tu Dios te da. No plantarás ningún árbol para Asera cerca del altar de Jehová tu Dios, que tú te habrás hecho, ni te levantarás estatua, lo cual aborrece Jehová tu Dios:"*

Mientras los israelitas estaban en el desierto tenían sus jueces que administraban la justicia. Ahora que han de entrar a Canaán, tendrían sus jueces en cada ciudad, los cuales se sentaban en la puerta de la ciudad. Sus oficinas estaban dentro de las murallas que servían de muros de la ciudad, a la puerta de entrada de cada ciudad.

Moisés les advierte contra el soborno, recordándole que el soborno ciega y corrompe el juicio de los justos. ¡Que no se vendan por dinero a torcer el derecho de los inocentes! También les amonesta que no se acomoden a las costumbre idólatras de las naciones. Los cananeos adoraban a las encinas, los árboles frondosos, con los que adoraban a Astoret, la diosa de la fertilidad. En el "moderno" New Age, la gente se abraza a los árboles frondosos para recibir poder. Esta es una variación del culto a Astoret.

Nada corrompe y pervierte la mente y el corazón del hombre tanto como representar y adorar una imagen al Dios que es Espíritu infinito y eterno. También aprendemos que el ser humano no puede servir a dos señores. Todo lo que seduce y arrastra el corazón humano a apegarse a alguna cosa o a alguna persona, está levantando un altar a un ídolo, en el mismo lugar donde sólo Dios debe ser adorado y servido. Donde hay un ídolo no puede morar el Espíritu Santo.

CAPÍTULO # 17

1-6: "No ofrecerás en sacrificio a Jehová tu Dios, buey o cordero en el cual haya falta o alguna cosa mala, pues es abominación a Jehová tu Dios. Cuando se hallare en medio de ti, en alguna de las ciudades que Jehová tu Dios te da, hombre o mujer que haya hecho mal ante los ojos de Jehová tu Dios traspasando tu pacto, que hubiere ido y servido a dioses ajenos, y se hubiere inclinado a ellos; ya sea al sol, o a la luna, o a todo el ejército del cielo, lo cual yo he prohibido; y te fuere dado aviso, y después que oyeres y hubieres indagado bien, la cosa pareciere cierta, que tal abominación ha sido hecha en Israel; Entonces sacarás a tus puertas al hombre o a la mujer que hubiera hecho esta mala cosa, sea hombre o mujer, y los apedrearás, y así morirán."

Moisés ha de tocar cuatro puntos en este capítulo. 1: La pureza de los animales que se sacrificarían a Jehová. Los sacrificios eran un tipo del Sacrificio de Cristo. 2: El decreto de apedrear a los idólatras. Aquí especifica la idolatría más antigua, la Astrología, que venía desde la torre de Babel. Si el adorar al sol y los planetas es abominable, ¿que se dirá de los que adoran imágenes y animales?

Verso 6-7: "Por dicho de dos o tres testigos morirá el que hubiere de morir; no por el dicho de un solo testigo. La mano de los testigos caerá primero sobre él para matarlo, y después la mano de todo el pueblo; así quitarás el mal de en medio de ti."

Se necesitaba la acusación de dos o tres testigos para llevar a cabo la lapidación de la persona idólatra, o en cualquier otro juicio. Estos eran los que debían tirar la primera piedra. Con esto daban a entender que la sangre de la víctima caería sobre sus cabezas, si la acusación era falsa. Esta costumbre era útil para disuadir a los hombres de decir falso testimonio.

Verso 8-11: "Cuando alguna cosa te fuere difícil en el juicio, entre una clase de homicidio y otra, entre una clase de derecho legal y otra, y entre una clase de herida y otra, en negocios de litigio en tus ciudades; entonces te levantarás y recurrirás al lugar que Jehová tu Dios escogiere; y vendrás a los sacerdotes levitas, y al juez que hubiere en aquellos días, y preguntarás; y ellos te enseñarán la sentencia del juicio.

"Y harás según la sentencia que te indiquen los del lugar que Jehová escogiere, y cuidarás de hacer según todo lo que te manifiesten. Según la ley que te enseñen, y según el juicio que te digan, harás; no de apartarás ni a diestra ni a siniestra de la sentencia que te declaren."

Aquí Moisés les da instrucciones a los jueces para cuando se encuentren en casos difíciles. Ellos deben acudir a la corte suprema, y seguir las instrucciones que les hayan dado.

Verso 12-13: "Y el hombre que procediere con soberbia, no obedeciendo al sacerdote que está para ministrar allí delante de

Jehová tu Dios, o al juez, el tal morirá; y quitarás el mal de en medio de Israel. Y todo el pueblo oirá y temerá." El juicio para los rebeldes que se rebelaban contra el ministro hoy día, es similar.

INSTRUCCIONES ACERCA DE UN REY

14-20: "Cuando hayas entrado en la tierra que Jehová tu Dios de da, y tomes posesión de ella y la habites, y digas: Pondré un rey sobre mí como todas las naciones que están a mis alrededores; ciertamente pondrás por rey sobre ti al que Jehová tu Dios escogiere; de entre tus hermanos pondrás rey sobre ti; no podrás poner sobre ti hombre extranjero, que no sea tu hermano."

El Señor sabía que el pueblo eventualmente iba a imitar a la naciones que les rodeaban por lo que iban a pedir un rey. Esto se cumplió cuando el pueblo acudió a Samuel 356 años más tarde, y Dios les dio a Saúl, luego a David y a Salomón. Así también es Dios quien escoge al pastor de la iglesia local.

Verso 16-17: "Pero él no aumentará para sí caballos, ni hará volver el pueblo a Egipto con el fin de aumentar caballos, porque Jehová os ha dicho: No volváis nunca por este camino. Ni tomará para sí muchas mujeres para que su corazón no se desvíe; ni plata ni oro amontonará para sí en abundancia."

Este fue el error de Salomón. El amontonó oro, caballos y mujeres que al fin le llevaron a la idolatría. Así tampoco el ministro puede tener su corazón en el dinero, sino en servir a Dios sirviendo a la congregación que el Señor ha puesto a su cuidado. Él no debe hacer nada que haga que las ovejas se vayan al mundo de nuevo.

Verso 18-20: "Y cuando se siente sobre el trono de su reino, entonces escribirá para sí en un libro una copia de esta ley, del original que está al cuidado de los levitas; y lo tendrá consigo, y leerá en él todos los días de su vida, para que aprenda a temer a Jehová su Dios, para guardar todas las palabras de esta ley y estos estatutos, para ponerlos por obra; Para que no se eleve se su corazón sobre sus hermanos, ni se aparte a diestra o siniestra; a fin de que prolongue sus días en tu reino, él y sus hijos, en medio de Israel."

El rey electo, debía tener una copia de la Escritura con él en todo tiempo, y leerla a diario para saber la voluntad de Dios para gobernar su pueblo. Él debía estudiarlo detenidamente para mantenerse humilde y reinar con rectitud. Él debía ser un ejemplo para que el pueblo buscara y sirviera a Dios.

Así el pastor debe tener siempre la Palabra delante de sus ojos, para poder enseñarla a las ovejas, para que aprendan a amar, temer y obedecer a Dios. El que no lo hace, se vuelve un dictador y su ministerio es de corta duración. El que va a enseñar al pueblo, debe obedecer a Dios, recordando siempre que sobre él hay uno más alto.

LAS PORCIONES DE LOS LEVITAS

CAPÍTULO 18

1-8: "Los sacerdotes levitas, es decir, toda la tribu de Leví, no tendrán parte ni heredad en Israel; de las ofrendas quemadas a Jehová y de la heredad de él comerán. No tendrán, pues, heredad entre sus hermanos; Jehová es su heredad, como él les ha dicho.

"Y este será el derecho de los sacerdotes de parte del pueblo, de lo que ofrecieren en sacrificio buey o cordero: darán al sacerdote la espaldilla, las quijadas y el cuajar."

"Las primicias de tu grano, de tu vino y de tu aceite, y las primicias de la lana de tus ovejas le darás; porque le ha escogido Jehová tu Dios de entre todas las tribus, para que esté para administrar el nombre de Jehová, él y sus hijos para siempre.

Los sacerdote levitas tenían derecho a los hombros, los cachetes y el estómago de los animales que el pueblo sacrificaba a Jehová. De ellos también eran las primicias, o los primogénitos de los animales, y la primicia de los frutos de la tierra. El trabajo de ellos era administrar las cosas santas. Su hijo mayor heredaba el sumo sacerdocio, y su hijo después de él. Sus hermanos eran sacerdotes con él. Ellos eran los descendientes directos de Aarón.

Los levitas de Coat, que no eran descendientes de Aarón, no podían ejercer el sacerdocio. Tampoco los de Gersón, ni los de Merari. Ellos tenían trabajos específicos, pero no el sacerdocio, que fue dado a Aarón y sus descendientes.

"Y cuando saliere un levita de alguna de tus ciudades de entre todo Israel, donde hubiere vivido, y viniere con todo el deseo de su alma al lugar que Jehová escogiere, ministrará en el nombre de Jehová su Dios como todos sus hermanos los levitas que estuvieren allí delante de Jehová. Igual ración a la de los otros comerá, además de sus patrimonios."

Dios toma precauciones de que nada le falte a los levitas. Aunque su heredad es Dios, y Dios es un Espíritu, ellos no se alimentaban del aire. El pueblo debía proveer para ellos. Su mantenimiento no debía depender de la generosidad del pueblo, sino que ese era su derecho por ley divina.

Así hoy el que sirve al altar debe vivir del altar. La iglesia debe pagar el diezmo y las ofrendas al Señor para que sus ministros no tengan que trabajar sino que se dediquen a la oración y al estudio de la Palabra.

AMONESTACION CONTRA COSTUMBRES PAGANAS

9-14: "Cuando entres a la tierra que Jehová tu Dios te da, no aprenderás a hacer según las abominaciones de aquellas naciones. No sea hallado en ti quien haga pasar su hijo por fuego, ni quien practique adivinación, ni agorero, si sortílego, ni hechicero, ni encantador, ni adivino, ni mago, ni quien consulte a los muertos.

"Porque es abominación para con Jehová cualquiera que hace estas cosas, y por estas abominaciones Jehová tu Dios echa estas naciones de delante de ti. Perfecto serás delante de Jehová tu Dios. Porque estas naciones que vas a heredar, a agoreros y a adivinos oyen; mas a ti no te ha permitido esto Jehová tu Dios."

Moisés vuelve a insistir que los israelitas se abstengan de la idolatría de los pueblos que van a conquistar. Entre ellos estaba el culto a Moloc, el dios buey de los cananeos, a quienes se les ofrecían los niños como ofrenda encendida. También abundaban allí los hechiceros, los adivinos, los espiritistas, los magos, lo encantadores y los agoreros. Los israelitas no debían contaminarse con aquellas costumbres de culto satánico.

Así el creyente es instruido por sus pastores a no aventurarse a prácticas de ocultismo, cualquiera que sea su nombre, que le rinde culto al diablo. Hoy estamos rodeados del New Age, la Nueva Era, que es una mezcla de astrología, hinduismo, budismo, hechicería, experiencias extra sensoriales, y paranormales, espiritismo, hipnotismo, idolatría y artes mágicas, que tienen el sello de su dios, el diablo.

Efesios 4: 17-20 dice: *"Esto, pues digo y requiero en el Señor: que ya no andéis como los otros gentiles, que andan en la vanidad de su mente, teniendo el entendimiento entenebrecido, ajenos a la vida de Dios por la ignorancia que en ellos hay, por la dureza de su corazón, los cuales, después que perdieron toda sensibilidad. Se entregaron a la lascivia, para cometer con avidez toda clase de impureza. Mas vosotros no habéis aprendido así de Cristo."*

EL PROFETA PROMETIDO

15-18: "Profeta de en medio de ti, de tus hermanos, como yo, te levantará Jehová tu Dios; a él oiréis; conforme a todo lo que pediste a Jehová tu Dios en Horeb el día de la asamblea, diciendo: No vuelva yo a oír la voz de Jehová mi Dios, ni vea yo más este gran fuego, para que no muera.

"Y Jehová me dijo: Han hablado bien en lo que han dicho. Profeta les levantaré de en medio de sus hermanos, como tú; y pondré mis palabras en su boca, y él le hablará todo lo que yo le mandare."

JESÚS: EL PROFETA PROMETIDO

Los judíos piensan que Moisés se refería a la sucesión de profetas que, en cada generación, Dios levantaba para guiarlos. Sin embargo, aunque eran profetas prominentes, no se podía decir que alguno fuera como Moisés.

Esta promesa se refiere a Cristo, y es la promesa más clara que encontramos en todo el Pentateuco. Ella es aplicada a Cristo en Hechos 3:22, y 7:37. Este es verdaderamente el profeta que había de venir al mundo, (Juan 6:14.)   1 Pedro 1: 1-11 dice que fue el Espíritu de Cristo quien habló a través de todos los profetas.

"Más a cualquiera que no oyere mis palabras que él hablare en mi nombre, yo le pediré cuenta. El profeta que tuviere la presunción de hablar palabra en mi nombre, a quien yo no le haya mandado a hablar, o que hablare en nombre de dioses ajenos, el tal profeta morirá.

"Y si dijeres en tu corazón: ¿Cómo conoceremos la palabra que Jehová no ha hablado?; si profeta hablare en nombre de Jehová, y no se cumpliere lo que dijo, ni aconteciere, es palabra que Jehová no ha hablado; con presunción habló tal profeta; no tengas temor de él."

Aquí tenemos dos advertencias al pueblo. 1: La persona que no oyere las palabras del profeta Cristo, Dios le pedirá cuenta. 2: La persona que se haga pasar por profeta hablando lo que Dios no le ha dicho, morirá. ¿Cómo se conoce el verdadero profeta? Si lo que dice se cumple.

¿Debe el creyente, especialmente el ministro, dejarse guiar por los profetas? ¡No! Si lo que el profeta dice confirma lo que Dios le ha dicho, entonces puede hacerlo, pero si el Señor no le ha hablado a la persona, especialmente al ministro, no debe moverse por profecías de nadie.

CAPÍTULO 19

(Estudie Números 35: 9-28)

1-13: "Cuando Jehová tu Dios destruya a las naciones cuya tierra Jehová tu Dios te da a ti, y tú las heredes, y habites en sus ciudades y en tus casas; te apartarás tres ciudades en medio de la tierra que Jehová tu Dios te da para que la poseas. Arreglarás los caminos, y dividirás en tres partes la tierra que Jehová tu Dios te dará por heredad y será para que todo homicida huya allí."

Los israelitas debían arreglar las carreteras, que en aquellos tiempos eran caminos reales. También debía separar tres ciudades al este del Jordán y tres al oeste para que sirvieran de prisiones a los homicidas involuntarios.

"Y este es el caso del homicida que huirá allí y vivirá: aquel que hiriere a su prójimo sin intención y sin haber tenido enemistad con él anteriormente; como el que fuere con su prójimo al monte a cortar leña, y al dar su mano el golpe con el hacha para cortar algún leño, saltare el hierro del cabo, y diere contra su prójimo y éste muriere; aquel huirá a una de estas tres ciudades, y vivirá;

"No sea que el vengador de la sangre, enfurecido, persiga al homicida, y le alcance por ser largo el camino, y le hiera de muerte por cuanto no tenía enemistad con su prójimo anteriormente. Por tanto yo te mando, diciendo: Separarás tres ciudades.

"Y si Jehová tu Dios ensanchare tu territorio, como lo juró a tus padres, y te diere toda la tierra que prometió dar a tus padres, siempre y cuando guardares estos mandamientos que yo te prescribo hoy, para ponerlos por obra; que ames a Jehová tu Dios y andes en sus caminos, todos los días; entonces añadirás tres ciudades más a estas tres, Para que no sea derramada sangre inocente en medio de

la tierra que Jehová tu Dios te da por heredad, y no seas culpado de derramamiento de sangre."

Moisés les dice que a medida que vayan creciendo en sus territorios, vayan añadiendo ciudades de refugio, o prisiones para los homicidas involuntarios. Estos debían quedar en esa ciudad sin salir de ella mientras durara la vida del sumo sacerdote que hubiere en aquel tiempo. Si alguno de los prisioneros intentaba salir de la ciudad de refugio, y lo encontraba el vengador de la sangre, el familiar más cercano, y lo mataba, el que lo mataba quedaba libre de culpa.

"Pero si hubiere alguno que aborreciere a su prójimo y lo acechare y se levantare contra él y lo hiriere de muerte, y muriere; si huyere a alguna de estas ciudades, entonces los ancianos de su ciudad enviarán y lo sacarán de allí, y lo entregarán en mano del vengador de la sangre para que muera.

"No le compadecerás; y quitarás de Israel la sangre inocente, y te irá bien. En la heredad que poseas en la tierra que Jehová tu Dios te da, no reducirás los límites de la propiedad de tu prójimo, que fijaron los antiguos."

Aquí Moisés da dos decretos importantes: 1: Estudiar el caso de asesinatos. Si el asesinato era premeditado, el asesino debía ser castigado con la muerte. Si el asesino huía a la ciudad de refugio, debía ser sacado de ella, y entregado en manos del vengado de la sangre. Esto fue lo que le sucedió a Joab, el general de ejército de David. (1Reyes 2: 28-34.)

2: No traspasar los linderos de la propiedad. No correr la cerca.

LEYES SOBRE EL TESTIMONIO

15-21: "No se tomará en cuenta a un solo testigo contra ninguno en cualquier delito ni en cualquier pecado, en relación con cualquiera ofensa cometida. Sólo por el testimonio de dos o tres testigos se mantendrá la acusación.

"Cuando se levantare testigo falso contra alguno, para testificar contra él, entonces los dos litigantes se presentarán delante de

Jehová, y delante de los sacerdotes y de los jueces que hubiere en aquellos días. Y los jueces inquirirán bien; y si aquel testigo resultare falso, y hubiere acusado falsamente a su hermano, entonces haréis a él como él pensó hacer a su hermano; y quitarás el mal de en medio de ti.

"Y los que quedaren oirán y temerán, y no volverán a hacer más una maldad semejante en medio de ti. Y no le compadecerás; vida por vida, ojo por ojo, diente por diente, mano por mano, pie por pie."

Moisés les amonesta contra el perjurio. Nunca se debe admitir un solo testigo en ninguna cuestión. Toda acusación debe ser de dos o tres testigos. Esto era para evitar los falsos testimonios. Si se comprobaba que alguna acusación era falsa, el testigo debía sufrir la pena que se le impondría a su víctima. Aquí tenemos la llamada "ley del talión." El evangelio de Cristo la erradicó de la Iglesia.

CAPÍTULO 20

1-4: "Cuando salgas a la guerra contra tus enemigos, si vieres caballos y carros, y un pueblo más grande que tú, no tengas temor de ellos, porque Jehová tu Dios está contigo, el cual te sacó de tierra de Egipto. Y cuando te acerquéis para combatir, se pondrá en pie el sacerdote y hablará al pueblo, y les dirá:

"Oye, Israel, vosotros os juntáis hoy en batalla contra vuestros enemigos; no desmayes delante de ellos; porque Jehová vuestro Dios va con vosotros para pelear por vosotros contra vuestros enemigos, para salvaros. Y los oficiales hablarán al pueblo diciendo: ¿Quién ha edificado casa nueva y no la ha estrenado? Vaya, y vuélvase a su casa no sea que muera en la batalla y algún otro la estrene."

"¿Y quién ha plantado viña y no ha disfrutado de ella? Vaya, y vuélvase a su casa no sea que muera en batalla, y algún otro la disfrute. ¿Y quién se ha desposado con mujer y no la ha tomado? Vaya, y vuélvase a su casa, y no apoque el corazón de sus hermanos, como el corazón suyo."

Los que debían salir a la guerra, debían ser alentados por sus sacerdotes y oficiales. El sacerdote les aseguraría que Dios estaba con ellos. Los oficiales les alentaban a no tener temor. Sus corazones debían estar cimentados en la fe en el Dios del Pacto que peleaba por ellos. Los que habían hecho casas, o habían plantado viñas, o los que estaban recién casados no tenían que salir a la guerra, porque su corazón estaría en lo que habían dejado, y esto sería peligroso para todos.

"Y volverán los oficiales a hablar al pueblo, y dirán: ¿Quién es hombre medroso y pusilánime? Vaya, vuélvase a su casa, y no apoque el corazón de sus hermanos, como el corazón suyo."

Los cobardes, aunque fueran humillados, eran tratados con bondad, al descargarlos de la responsabilidad de la guerra. También era una bondad para los valientes, pues no pondrían su vida en peligro a causa de ellos. El miedo es más contagioso que la bravura.

"Y cuando los oficiales acaben de hablar al pueblo, entonces los capitanes del ejército tomarán el mando a la cabeza del pueblo." Ya Israel no es llamado campamento, sino ejército.

"Cuando te acerques a una ciudad para combatirla, le intimarás paz. Y si respondiere: Paz, y te abriere, todo el pueblo que en ella fuere hallado te será tributario, y te servirá. Mas si no hiciere paz contigo, y emprendiere guerra contigo, entonces la sitiarás. Luego que Dios la entregue en tu mano, herirás a todo varón a filo de espada. Solamente las mujeres y los niños, y los animales, y todo lo que haya en la ciudad, todo su botín, tomarás para ti; y comerás del botín de tus enemigos, los cuales Jehová tu Dios te entregó. Así harás a todas las ciudades que estén muy lejos de ti, que no sean de las ciudades de estas naciones."

Antes de invadir una ciudad los israelitas debían proponerles mediante un manifiesto público; una retirada pacífica. Antes de entrar en guerra los israelitas se veían obligados a proponer una paz honrosa., si el enemigo estaba dispuesto a aceptarla. Entonces se tendrían que pagar impuestos a los israelitas.

Si la nación rechazaba la paz ofrecida por ellos, entonces debían atacar y no dejar vivos a los varones. Las mujeres y los niños quedaban con vida. Esto era sólo para las naciones distantes que Jehová no les había dado.

"Pero de las naciones de estos pueblos que Jehová tu Dios te da por heredad, ninguna persona dejarás con vida, sino que los destruirás completamente; al heteo, al amorreo, al cananeo, al ferezeo, la heveo, y al jebuseo, como Jehová te ha mandado; para que no os enseñen a hacer según todas sus abominaciones que ellos han hecho para sus dioses, y pequéis contra Jehová vuestro Dios."

Estas eran las naciones que Jehová había señalado para destrucción 462 años antes. (Ver Génesis 15) Si ellos dejaban la gente con vida, correrían el peligro de caer en la idolatría. Consecuentemente, los israelitas violarían el pacto de Dios trayendo juicio sobre ellos.

"Cuando sities alguna ciudad peleando contra ella muchos días para tomarla, no destruirás sus árboles metiendo hacha en ellos, porque de ellos podrás comer; y no los talarás, porque el árbol de campo no es hombre para venir contra ti en el sitio. Mas el árbol que sepas no lleva fruto, podrás destruirlo y talarlo, para construir baluarte contra la ciudad que te hace la guerra, hasta sojuzgarla."

Moisés les enseña que no deben talar todos los árboles, sino sólo los que no den fruto, y esto sólo para hacer trincheras. Los árboles frutales debían ser dejados para servir de alimento a ellos mismos cuando entraran a poseer la ciudad. Ya se sabe que donde no hay árboles, no llueve; el lugar pronto se vuelve un desierto. Las guerras modernas calcinan los campos y la ciudades, pero las guerras de Dios tienen cuidado de la vida y la preservación de los alimentos.

UN ASESINATO MISTERIOSO
CAPÍTULO 21

1-9: "Si en la tierra que Jehová tu Dios te da para que la poseas, fuere hallado alguien muerto, tendido en el campo, y no se supiere quién los mató, entonces tus ancianos y tus jueces saldrán y medirán la distancia hasta las ciudades que están alrededor del muerto.

"Y los ancianos de la ciudad más cercana al lugar donde fuere hallado el muerto, tomarán de las vacas un becerra que no haya trabajado, que no haya llevado yugo, y los ancianos de aquella ciudad traerán la becerra a un valle escabroso, que nunca haya sido arado ni sembrado, y quebrarán la cerviz de la becerra allí en el valle.

"Entonces vendrán los sacerdotes hijos de Leví, porque a ellos escogió Jehová tu Dios para que le sirvan, y para bendecir en el nombre de Jehová; y por la palabra de ellos se decidirá toda disputa y toda ofensa.

"Y todos los ancianos de la ciudad más cercana al lugar donde fuere hallado el muerto levantarán sus manos sobre la becerra cuya cerviz fue quebrada en el valle; y protestarán y dirán: Nuestras manos no han derramado esta sangre, ni nuestros ojos lo han visto. Perdona a tu pueblo Israel, al cual redimiste, oh Jehová; no culpes de sangre inocente a Israel. Y la sangre les será perdonada. Y tú quitarás la culpa de la sangre inocente de en medio de ti, cuando hicieres lo recto ante los ojos de Jehová."

Esta era la ley para cuando se encontraba un muerto en el campo. Nadie sabía quién lo había matado. Naturalmente se deducía que era de la ciudad más cercana. Los ancianos de la ciudad debían traer una becerra virgen, y desnucarla en una selva virgen.

Entonces debían venir los sacerdotes levíticos e interceder por el pueblo para que no fuera culpado de la sangre y le viniera juicio. Claro que Dios sabía quién era el asesino, pero a él le dejaba la voz de la sangre que clamaría a su conciencia hasta que abrumado confesara el delito, y entonces sería muerto.

LEYES DIVERSAS

10.14: "Cuando salieres a la guerra contra tus enemigos, y Jehová tu Dios los entregare en tu mano, y tomares de ellos cautivos, y vieres entre los cautivos a alguna mujer hermosa, y la codiciares, y la tomares para ti por mujer, la meterás en tu casa; y ella rapará su cabeza, y cortará sus uñas, se quitará el vestido de su cautiverio, y se quedará en tu casa; y llorará a su padre y a su madre un mes entero; y después podrás llegarte a ella, y tú serás su marido, y ella será tu mujer. Y si no te agradare, la dejarás en libertad; no la venderás por dinero, ni la tratarás como esclava, por cuanto la humillaste."

Por medio de esta ley se permitía a un soldado casarse con una cautiva que hubiere apresado si así lo deseaba. Se supone que el soldado ya tenía su esposa legítima, y tomaba esta por concubina, o esposa secundaria. Esta condescendencia en la que el corazón se iba detrás de los ojos, no es permitida en el evangelio de Cristo. Jesús dijo que Moisés permitió esto por la dureza del corazón de los israelitas. La ley de Cristo supera en gran medida la ley de Moisés en gloria y en pureza.

"Si un hombre tuviere dos mujeres, la una amada y la otra aborrecida, y la amada y le aborrecida le hubieren dado hijos, y el hijo primogénito fuere de la aborrecida; en el día que hiciere heredar a sus hijos lo que tuviere, no podrá dar el derecho de la primogenitura al hijo de la amada con preferencia al hijo de la aborrecida, que es el primogénito; Mas al hijo de la aborrecida reconocerá como primogénito, para darle el doble de lo que le corresponde a cada uno de los demás; porque él es el principio de su vigor, y suyo es el derecho de la primogenitura."

Aquí vemos el gran mal de tener más de una esposa, aunque este mal estaba permitido por la ley de Moisés. Vemos que la providencia toma el lado del más débil. Dios le dio hijos a Lea, que era la menospreciada. Rubén fue el primogénito pero la primogenitura le fue quitada por su pecado, y dada a Efraín, nieto de Jacob.

"Si alguno tuviere hijo contumaz y rebelde, que no obedeciere a la voz de su padre ni a la voz de su madre, y habiéndole castigado, no les obedeciere; entonces lo tomarán su padre y su madre, y lo sacarán a los ancianos de la ciudad, y a la puerta del lugar donde viva; Y dirán a los ancianos de la ciudad: Este nuestro hijo es contumaz y rebelde, no obedece a nuestra voz; es glotón y

borracho. Entonces todo los hombres de su ciudad lo apedrearán, y morirá; así quitarás el mal de en medio de ti, y todo Israel oirá y temerá."

El castigo del joven corrupto

Note que no había gangas en Israel. Los jóvenes sabían de este decreto y lo respetaban. No habían hijos díscolos, ni borrachos. No podemos pasar por alto que sus mismos padres eran sus acusadores. Sin embargo en Lucas 15:11, vemos al padre abrazar al hijo pródigo y hacer una fiesta por su regreso. El contraste aquí es entre los dos jóvenes. El de este capítulo era contumaz y rebelde. El de Lucas 15, era rebelde y contumaz, pero "volvió en sí", y se arrepintió. En este capítulo impera la ley, y en el de Lucas, impera la gracia.

"Si alguno hubiere cometido algún crimen digno de muerte, y lo hicieres morir, y lo colgareis de un madero; no dejaréis que su cuerpo pase la noche sobre el madero; sin falta lo enterrarás el mismo día, porque maldito por Dios es el colgado; no contaminarás tu tierra que Jehová tu Dios te da por heredad."

Esta es la ley para en enterramiento de los que habían sido apedreados y luego colgados de un madero para servir de ejemplo a los demás. No importaba la hora en que habían sido colgados, debían ser enterrados antes de la puesta del sol. En Gálatas 3:13 cita este verso. "Maldito todo el que es colgado en un madero." Cristo llevó la maldición de la ley cuando fue crucificado en la cruz, para que nosotros recibiéramos la bendición de la ley.

Aquí radica el escándalo de la cruz. Todo judío que no haya sido convencido por el Espíritu Santo de la obra del Calvario, se ve forzado a decir que Jesús es maldito porque fue clavado en la cruz. 1 Corintios 1:23 dice que la cruz es tropezadero a los judíos, y para los gentiles locura.

EL ESCÁNDALO DE LA CRUZ

Los judíos no comprenden el misterio de la cruz, y para ellos es tropezadero. Los gentiles no pueden comprender como se puede recibir vida del que murió, justicia del condenado y bendición del maldecido. Para el creyente Cristo es sabiduría de Dios y poder de Dios. 1 Corintios 1: 24.

CAPÍTULO 22

1-12: "Si vieres extraviado el buey de tu hermano, o su cordero, no le negarás tu ayuda; lo volverás a tu hermano. Y si tu hermano no fuera tu vecino, o no le conocieres, lo recogerás en tu casa, y estará contigo hasta que tu hermano lo busque, y se lo devolverás.

"Así harás con su asno, así harás también con su vestido, y lo mismo harás con toda cosa de tu hermano que se le perdiere y tú la

hallares; no podrás negarle tu ayuda. Si vieres el asno de tu hermano, o su buey, caído en el camino, no te apartarás de él; le ayudarás a levantarlo."

La respuesta de Caín fue: *"¿Soy yo acaso guarda de mi hermano?"* Si se debía cuidar del buey y del asno del hermano; ¡cuánto más al hermano! Aquí aprendemos a hacer favores al prójimo. Si el hermano es el que está perdido, o descarriado, tanto más debemos tratar de que regrese al redil. El que no devuelve lo perdido, es tenido por ladrón conforme a la ley.

"No vestirá la mujer traje de hombre, ni el hombre ropa de mujer, porque es abominación a Jehová tu Dios cualquiera que hace esto."

Muchos legalistas han tomado este verso para decir que la mujer no debe vestir pantalones. Sin embargo una mujer con pantalones no parece un hombre. Hay hombres que le gusta vestirse de mujer, con vestidos bonitos, y parecen mujeres; así como hay mujeres que visten de varón con trajes de varón, y parecen varones. Esto es abominación.

Los pantalones de mujer son cortados en forma muy diferente a los de un hombre, y no les sirven a los hombres. Lo mismo es cierto de los que son cortados para varones; no le sirven a las mujeres. En los tiempos en que se dio esta ley, los hombres no vestían pantalones, sino faldas. En el hebreo dice que las mujeres no deben vestir "instrumentos de guerrero."

"Cuando encuentres por el camino algún nido de ave en cualquier árbol, o sobre la tierra, con pollos o huevos, y la madre echada sobre los pollos o sobre los huevos, no tomarás la madre con los hijos. Dejarás ir a la madre, y tomarás los pollos para ti, para que te vaya bien, y prolongues tus días."

Esta ley prohíbe la crueldad con los animales, o el gozarse en destruirlos. El Señor Jesús dijo en Lucas 12: 6, *"¿No se venden cinco pajarillos por dos cuartos? Con todo, ninguno de ellos está olvidado delante de Dios."* Este es uno de los mandamientos más pequeños.

Y si no debemos ser crueles con los pajarillos, ¡cuánto menos con las mujeres! Ellas son coherederas de la gracia. Son el sexo débil al que siempre hay que considerar con el mayor respeto, teniendo en cuenta además de su calidad humana, y su condición parigual a la del varón en cuanto a la herencia de la gracia, sus fatigas y trabajos en dar a luz y criar a los hijos.

"Cuando edifiques casa nueva, harás petril a tu terrado, para que no echas culpa de sangre sobre tu casa, si de él cayere alguno. En las casas del Medio Oriente se acostumbraba usar el techo como azotea donde se podía descansar. La ley ordenaba hacerles un balcón alrededor por lo menos de 36 pulgadas de alto para protección contra caídas.

"No sembrarás tu viña con semillas diversas, no sea que se pierda todo, tanto la semilla que sembraste como el fruto de la viña. No ararás con buey y asno. No vestirás ropa de lana y lino juntamente."

La ley prohibía la mezcla de semillas. Aparentemente no había nada inmoral en esto. Excepto su carácter ceremonial. Estas leyes tenían en cuenta las costumbres de los paganos, de los cuales los israelitas, como pueblo de Dios, debían diferenciarse. Además de esto, si uno sembraba trigo en su viña, y el otro sembraba avena, y el otro, centeno, y el otro, tomates, podían entrar en negocios, intercambiando productos. Esta ley no está en vigencia hoy. Podemos sembrar trigo, centeno y avena juntos. Podemos arar con buey y asno, con caballos y bueyes, vestir lino y lana, con la conciencia tranquila

"Te harás flecos en las cuatro puntas de tu manto con que te cubras."

Estos flecos en el manto de los israelitas; el cual reciben los niños a los doce años; tienen cada uno quince nudos, que representan los nombres del Señor. Tienen además cinco franjas azules o negras en cada lado, como símbolo de la Torah, el Pentateuco, los cinco libros de Moisés.

Además un lado tiene 306 flequillos, y el otro 307, para recordarle los 613 mandamientos. Cuando los israelitas oran se envuelven ese manto para hablar con Dios a solas. Los rabinos oran los 19 shemas, debajo del manto. El manto abierto, con la estrella de David al centro, es la bandera de Israel.

LEYES SOBRE LA CASTIDAD

13-21: *"Cuando alguno tomare mujer, y después de haberse llegado a ella la aborreciere, y le atribuyere faltas que den que hablar, y dijere: A esta mujer tomé, y me llegué a ella, y no la hallé virgen; entonces el padre de la joven y su madre tomarán las señales de la virginidad de la doncella a los ancianos de la ciudad en la puerta; y dirá el padre de la joven a los ancianos: Yo di a mi hija a este hombre por mujer, y él la aborrece;*

"Y he aquí, él le atribuye faltas que dan que hablar, diciendo: No he hallado virgen a tu hija; pero ved aquí las señales de la virginidad de mi hija. Y extenderán la vestidura delante de los ancianos de la ciudad. Entonces los ancianos de la ciudad tomarán al hombre y lo castigarán; y le multarán en cien piezas de plata, las cuales darán al padre de la joven, por cuanto esparció mala fama sobre una virgen de Israel; y la tendrá por mujer, y no podrá despedirla en todos sus días.

"Más si resultare verdad que no se halló virginidad en la joven, entonces la sacarán a la puerta de la casa de su padre, y la apedrearán los hombres de su ciudad, y morirá, por cuanto hizo vileza en Israel fornicando en casa de su padre; así quitarás el mal de en medio de ti."

Estas leyes se refieren al séptimo mandamiento. Ellas le ponen freno a los deseos carnales que batallan contra el alma. Si la joven no era encontrada virgen, el esposo la rechazaba y si era cierto la apedreaban. Esto le pondría un freno a la fornicación. Con esto los padres estaban obligados a mantener sus hijos a raya, con consejos, ejemplos y amonestaciones, guardándoles de malas compañías

Verso 22-24. "Si hubiere una muchacha virgen desposada con alguno, y alguno la hallare en la ciudad, y se acostare con ella; entonces los sacaréis a ambos a la puerta de la ciudad, y los

apedrearéis, y morirán; la joven porque no dio voces en la ciudad, y el hombre porque humilló la mujer de su prójimo."

A este dilema se enfrentó José el esposo de la virgen María. El halló que estaba encinta. Si lo declaraba, la apedreaban. Por eso optó por abandonarla secretamente. Entonces se le apareció el ángel y le dijo que el ser que estaba en el vientre de María había sido engendrado por el Espíritu Santo.

Si una joven comprometida con uno, se acostaba voluntariamente con otro, ambos debían ser apedreados.

"Verso 25-27: "Mas si un hombre hallare en el campo a una joven desposada, y la forzare aquel hombre, acostándose con ella, morirá solamente el hombre que se acostó con ella; más a la joven no le harás nada; no hay en ella culpa de muerte; pues como cuando alguno se levanta y le quita la vida, así es este caso. Porque la halló en el campo; dio voces la joven desposada, y no hubo quien la librase."

Este es el castigo por el delito de violación de un joven comprometida con otro. El hombre debía morir apedreado porque este delito es similar al de asesinato. Esta ley está en vigencia todavía, aunque no se apedrea al violador, se pone en prisión por largo tiempo.

Verso 28-30: "Cuando algún hombre hallare a una joven virgen que no fuere desposada, y la tomare y se acostare con ella, y fueren descubiertos; entonces el hombre que se acostó con ella dará al padre de la joven cincuenta piezas de plata, y ella será su mujer, por cuanto la humilló; no la podrá despedir en todos sus días. Ninguno tomará la mujer de su padre, ni profanará el lecho de su padre."

Esta ley era para los que se acostaban con una joven no comprometida. El hombre debía dar al padre la plata y tenía que tomar por esposa la joven y no podía divorciarse de ella mientras viviera.

CAPÍTULO 23

1-2: "No entrará a la congregación de Jehová el que tenga magullados los testículos, o amputado el miembro viril." Esto es, no se podría unir a la congregación de Israel, ninguno que habiendo sido pagano, se hubiere castrado en adoración a sus dioses. Esa persona no sería admitida como prosélito israelita.

Verso 2: "No entrará bastardo en la congregación de Jehová; ni hasta la décima generación no entrarán en la congregación de Jehová." Esto parece referirse a los hijos de uniones ilegítimas de israelitas con paganos.

Verso 3-5: "No entrará amonita, ni moabita en la congregación de Jehová ni hasta la décima generación de ellos; no entrarán en la congregación de Jehová para siempre, por cuanto no os salieron a recibir con pan y agua al camino, cuando salisteis de Egipto, y porque alquilaron a Balaam hijo de Beor, de Petor en Mesopotamia, para maldecirte. Mas no quiso Jehová tu Dios oír a Balaam; y Jehová tu Dios te convirtió la maldición en bendición, porque Jehová tu Dios te amaba. No procurarás la paz con ellos ni su bien en todos los días para siempre."

Los amonitas y los moabitas eran los descendientes de Lot. Ellos no recibieron a los israelitas cuando venía camino a Canaán, más bien alquilaron al brujo Balaán para que los maldijera. (Vea Números, caps. 25-27. En el hebreo dice que no entrará varón amonita ni moabita en la congregación de Israel, nunca. Esto no se refería a las mujeres, pues vimos a Ruth, la Moabita, entrar en la congregación de Israel por su matrimonio con Boaz.

Verso 7-8: "No aborrecerás al edomita, porque es tu hermano; no aborrecerás al egipcio, porque forastero fuiste en su tierra. Los hijos que nacieren de ellos, en la tercera generación entrarán en la congregación de Jehová."

Edom es admitido en la tercera generación, primero por su parentesco con Israel, el cual era más cercano que el de los amonitas y moabitas. Los edomitas no habían procedido contra Israel con la saña con que habían procedido los amonitas y moabitas. Los amonitas y moabitas habían salido de una unión incestuosa en el máximo grado.

LEYES SANITARIAS

9-11: "Cuando salieres a campaña contra tus enemigos, te guardarás de toda cosa mala. Si hubiere en medio de ti alguno que no fuere limpio, por razón de alguna impureza acontecida de noche, saldrá fuera del campamento, y no entrará en él. Pero al caer la noche se lavará con agua, y cuando se hubiere puesto el sol, podrá entrar en el campamento."

Los soldados estaban expuestos a todas las tentaciones en sus campañas militares por estar lejos de sus padres y sus familias. Sin embargo el temor a Dios los debía mantener puros para asegurar la protección divina que les acompañaba siempre.

12-14: "Tendrás un lugar fuera del campamento adonde salgas; tendrás también entre tus armas una estaca, y cuando estuvieres allí fuera cavarás con ella, y luego al volverte cubrirás tu excremento; porque Jehová tu Dios anda en medio de tu campamento, para librarte de tus enemigos delante de ti; por tanto, tu campamento ha de ser santo, para que él no vea en ti cosa inmunda, y se vuelva de en pos de ti."

En cuanto a la limpieza natural, el campamento debía estar libre de excremento. Entre sus armas debían tener un palo para hacer un hoyo en la arena o en la tierra, para depositar su excremento, y luego taparlo. Todo esto debía hacerse fuera del campamento. Las leyes sanitarias de Israel tenían un adelanto de tres milenios, sobre el resto de la población.

LEYES HUMANITARIAS

15-16. "No entregarás a su señor el siervo que huyere a ti de su amo. Morará contigo, en medio de ti, en el lugar que escogiere en alguna de tus ciudades, donde a bien tuviere; no le oprimirás."

Toda la tierra de Israel era una ciudad de refugio para los maltratados y los oprimidos, que no fueran viles. Era el deber de los israelitas proteger al débil, y si era de entre los paganos, no sólo debía protegerse, sino también animarle para que abrazase su religión y permaneciese entre ellos. Fue de este decreto que se estableció la ley de refugio en las embajadas.

Verso 17-18: "No haya ramera de entre las hijas de Israel, ni haya sodomita de entre los hijos de Israel. No traerás la paga de una ramera ni el precio de un perro a la casa de Jehová tu Dios por ningún voto; porque abominación es a Jehová tu Dios tanto lo uno como lo otro."

No se debían permitir ni las rameras ni los sodomitas en la congregación de Israel. Una cosa es ser refugio de pecadores, y otra es ser refugio de pecado. Todo pecador es admitido en la Iglesia, con tal que se arrepienta y se aparte de sus pecados. Todo antro de maldad, es un tumor maligno en el corazón de la sociedad humana, ¡cuánto más en medio del pueblo de Dios!

Verso 19-20: "No exigirás de tu hermano interés de dinero, ni interés de comestibles, ni de cosa alguna de que se suele exigir interés. Del extraño podrás exigir interés, más de tu hermano no lo exigirás, para que te bendiga Jehová tu Dios en toda la obra de tus manos en la tierra a dónde vas a tomar posesión de ella."

También se establecen aquí las normas para los préstamos. No se debía prestar a usura a los hermanos de raza, a su pueblo. Sin embargo a los extraños se le podía exigir un interés moderado.

Verso 21-23: "Cuando haces voto a Jehová tu Dios, no tardes en pagarlo; porque ciertamente lo demandará Jehová tu Dios de ti, y sería pecado en ti. Más cuando te abstengas de prometer, no habrá en ti pecado. Pero lo que hubiere salido de tus labios, lo guardarás y lo cumplirás, conforme a lo que prometiste a Jehová tu Dios, pagando la ofrenda voluntaria que prometiste con tu boca."

Es mejor no prometer que prometer y no cumplir. Nadie estaba obligado a prometer, pero el que lo hacía debía cumplirlo lo más pronto posible porque había ligado en ello su alma.

Verso 24-25: "Cuando entres en la viña de tu prójimo, podrás comer uvas hasta saciarte; mas no pondrás en tu cesto. Cuando entres en la mies de tu prójimo, podrás arrancar espigas con tu mano, pero no aplicarás hoz en la mies de tu prójimo."

Dios da permiso para comer uvas en la viña del prójimo, pero se prohíbe llevar con uno un canasto de uvas. Lo mismo es cierto con la mies. Se pueden comer espigas, pero no se puede cortar la mies ajena. Aquí se prohíbe el robo.

CAPÍTULO 24

1-4: "Cuando alguno tomare mujer y se casare con ella, si no le agradare por haber hallado en ella alguna cosa indecente, le escribirás carta de divorcio, y se la entregarás en su mano, y la despedirás a su casa. Y salida de tu casa, podrá ir y casarse con otro hombre.

"Pero si la aborreciere este último y le escribiere carta de divorcio, y se la entregare en su mano, y la despidiere de su casa; o si hubiera muerto el postrer hombre que la tomó por mujer, no podrá su primer marido, que la despidió, volverla a tomar para que sea su mujer, después que fue envilecida; porque es abominación delante de Jehová, y no has de pervertir la tierra que Jehová tu Dios te da por heredad."

Esta ley no es para permitir ni promover el divorcio. La norma aquí es que si el marido se ha divorciado de su mujer y esta se casara con otro y se divorciare del último, el primero no podría volverla a tomar. Jesús les dijo a los fariseos que Moisés había permitido el divorcio a causa de la dureza del corazón de ellos. (Mateo 19:7.) El divorcio no es causa de bienes, sino de males. La única razón para el divorcio es a causa de adulterio.

El hombre no podía dar carta de divorcio a la mujer por cualquier cosa, sino por cosa vergonzosa. En el idioma hebreo, carta de divorcio, significa "escrito de amputación.", para dar a entender una especie de intervención quirúrgica para separar lo que era una sola carne.

El divorcio no es permitido a los creyentes, a no ser por causa de adulterio. El creyente que vive la ley del amor, no tendrá otros motivos para disolver su matrimonio. Siempre que un matrimonio se disuelve por el egoísmo de los esposos, los hijos pagan las duras consecuencias de este pecado.

Los escritos judíos dice que esta ley estaba establecida a fin de que los esposos no se acostumbraran a tratar a sus esposas como un objeto común que pasa de mano en mano, sino como una persona. Ellos no debían imitar a los paganos que se intercambiaban sus esposas con la mayor facilidad, porque para ellos la mujer era sólo un objeto de placer.

Verso 5: *"Cuando alguno fuere recién casado, no saldrá a la guerra, ni en ninguna cosa se le ocupará; libre estará en su casa por un año, para alegrar a la mujer que tomó."*

Aquí la ley hace provisión para fomentar el amor entre los recién casados. Si el amor entre los esposos está afianzado desde el principio, no es fácil que se divorcien. Esto nos enseña lo importante que es el mutuo cariño entre el matrimonio.

Verso 6: *"No tomarás en prenda la muela del molino, ni la de abajo, ni la de arriba; porque sería tomar en prenda la vida del hombre."*

Este decreto prohibía tomar en prenda, como seguro de pago ninguna pieza del molino que molería el trigo de la familia.

Verso 7: *"Cuando fuere hallado alguno hurtado a uno de sus hermanos los hijos de Israel, y le hubiere esclavizado, o le hubiere vendido, morirá el tal ladrón, y quitarás el mal de en medio de ti."*

Esta ley prohíbe el secuestro. La pena es de muerte. Esta ley está en vigencia hoy en algunos países, incluyendo a varios estados de la nación estadounidense.

Verso 8-9: *"En cuanto a la plaga de la lepra, ten cuidado de observar diligentemente y hacer según todo lo que os enseñaren los sacerdotes levitas; según yo les he mandado, así cuidaréis de hacer. Acuérdate de lo que hizo Jehová a María en el camino, después que salisteis de Egipto."*

Las leyes de la lepra debían ser observadas cuidadosamente de acuerdo a Levítico 13-14. María había sido castigada con lepra por su murmuración contra Moisés.

Verso 9: "Cuando entregares a tu prójimo alguna cosa prestada, no entrarás en su casa para tomarle prenda. Te quedarás fuera, y el hombre a quien prestaste te sacará la prenda. Y si el hombre fuere pobre, no te acostarás reteniendo aún su prenda. Sin falta le devolverás la prenda cuando el sol se ponga, para que pueda dormir en su ropa, y te bendiga; y te será justicia delante de Jehová tu Dios."

Esta es la ley acerca de las prendas prestadas para asegurar el dinero del préstamo. Todo acreedor que sólo se preocupe por el dinero y el interés, sin importarle el bienestar del deudor, está contra la ley de Moisés y contra la de Cristo. Si la prenda era de ropa, debía entregársele antes de que se pusiera el sol.

Verso 14-18: "No oprimirás al jornalero pobre y menesteroso, ya sea de tus hermanos o de los extranjeros que habitan en tu tierra dentro de tus ciudades. En su día le darás su jornal, y no se pondrá el sol sin dárselo; pues es pobre y con él sustenta su vida; para que no clame contra ti a Jehová, y sea en ti pecado.

"Los padres no morirán por los hijos, ni los hijos por los padres; Cada uno morirá por su pecado. No torcerás el derecho del extranjero ni del huérfano, ni tomarás en prenda la ropa de la viuda, sino que te acordarás que fuiste siervo en Egipto, y que de allí te rescató Jehová tu Dios; por tanto, yo te mando que hagas esto."

Se le manda a los jueces a hacer justicia según derecho. Cinco cosas claman en la tierra y Jehová los oye: La sangre, el huérfano, la viuda, el jornalero y el extranjero.

Verso 19-22: "Cuando siegues tu mies en tu campo, y olvides alguna gavilla en el campo, no volverás para recogerla; será para el extranjero, para el huérfano y para la viuda; para que te bendiga Jehová tu Dios en toda obra de tus manos.

"Cuando sacudas tus olivos, no recorrerás las ramas que hayas dejado tras de ti; serán para el extranjero, para el huérfano y para las viudas. Cuando vendimies tu viña, no rebuscarás tras de ti; será para el extranjero, para el huérfano y para la viuda. Acuérdate que fuiste siervo en la tierra de Egipto; por tanto, yo te mando que hagas esto."

A los ricos Dios les encarga ser compasivos con los pobres. Ningún otro sistema judicial en ningún país ni en ninguna época de la historia, muestra tanta caridad para los desdichados. Los israelitas no debían ser avaros. La tierra es de Jehová. El hombre es mayordomo, y no debe fijarse en menudencias. ¡Cuánto menos los creyentes!

PRIMICIAS Y DIEZMOS

CAPÍTULO 25

1-4: "Si hubiere pleito entre algunos, y acuden al tribunal para que los jueces los juzguen, éstos absolverán al junto, y condenarán al culpable. Y si el delincuente mereciere ser azotado, entonces el juez le hará echar en tierra, y le hará azotar en su presencia; según su delito será el número de azotes. Se podrá dar cuarenta azotes, no más; no sea que, si lo hirieren con mucho azotes más que éstos, se siente tu hermano envilecido delante de tus ojos."

Los jueces determinaban el castigo que merecía el acusado. La pena debía ser ejecutada frente a ellos con toda solemnidad. El juez principal leía Deuteronomio 28: 58-59 y 29:9 y terminaba con el Salmo 78:38. De esta manera resultaba un acto religioso y tenía más eficacia en reformar al ofensor y servir de ejemplo a los demás.

La ley mandaba que no se dieren más de cuarenta azotes, pero los romanos no tenían esta ley. Ellos azotaron a Jesús hasta que la espalda se volvió como carne molida.

5: "No pondrás bozal al buey que trilla." Se encarga a los labradores que no impidan comer al animal que está trabajando, y el alimento está al alcance de su boca. Dios quería un pueblo de sentimientos humanitarios, no sólo hacia sus semejantes, sino también a sus animales.

Proverbios 12:10 dice: "El justo cuida del sustento de sus bestias; mas el corazón de los impíos es cruel." Pablo usó esta ley para aplicarlo a los obreros de la viña del Señor. (1 Corintios 9.

Versos 5-10: "Cuando hermanos habitaren juntos, y muriere alguno de ellos, y no tuviere hijo; la mujer del muerto no se casará fuera con hombre extraño; su cuñado se llegará a ella, y la tomará por su mujer, y hará con ella parentesco.

"Y el primogénito que ella diere a luz sucederá en el nombre de su hermano muerto, para que el nombre de éste no sea borrado de Israel. Y si el hombre no quisiere tomar a su cuñada, irá entonces su cuñada a la puerta, a los ancianos, y dirá: Mi cuñado no quiere suscitar nombre en Israel a su hermano; no quiere emparentar conmigo.

"Entonces los ancianos de aquella ciudad lo harán venir, y hablarán con él; y si él se levantare y dijere: No quiero tomarla, se acercará entonces su cuñada a él delante de los ancianos, y le quitará el calzado del pie, y le escupirá en el rostro, y hablará y dirá: Así será hecho al varón que no quiere edificar casa a su hermano. Y se le dará este nombre en Israel: La casa del descalzado."

Esta es la ley concerniente al casamiento de la viuda del hermano. La viuda no debía casarse fuera de la familia. Uno de los hermanos debía casarse con ella para que la hacienda que ella poseía se quedara en la familia, y el nombre del muerto no fuese borrado de las líneas genealógicas de Israel. El primer hijo que tuviere la viuda de su cuñado, debía heredar la hacienda y continuar la línea. Pero si el cuñado no quería casarse con ella, no se debía obligar a ello, pero debía ser públicamente avergonzado por negarse a hacerlo.

Versos 11-12: "Si algunos riñeren uno con otro, y se acercare la mujer de una para librar a su marido de manos del que le hiere, y alargando su mano asiere de sus partes vergonzosas, le cortarán entonces la mano, no la perdonarás."

Esta es una ley muy severa contra la mujer que se atreviera a cometer un delito deshonroso como el que se detalla aquí. Los rabinos conmutaron esta pena por una multa.

Verso 13-16: "No tendrás en tu bolsa pesa grande y pesa chica, ni tendrás en tu casa efa grande y efa pequeño. Pesa exacta y justa tendrás; efa cabal y justa tendrás, para que tus días sean prolongados sobre la tierra que Jehová tu Dios te da. Porque abominación es a Jehová tu Dios cualquiera que hace esto, y cualquiera que hace injusticia."

La ley prohíbe el robo en las pesas y medidas. El que roba en las pesas y en las medidas tiene sentencia de muerte de parte de Dios. Es por eso que el pastor no debe ser comerciante, para que no sea tentado a hacer negocios turbios.

ORDEN DE EXTERMINAR A AMALEC

17-19: "Acuérdate de lo que hizo Amalec contigo en el camino, cuando salías de Egipto; de cómo te salió al encuentro en el camino, y te desbarató la retaguardia de todos los débiles que iban detrás de ti, cuando tú ibas cansado y trabajado; y no tuvo ningún temor de Dios. Por tanto, cuando Jehová tu Dios te dé descanso de todos tus enemigos alrededor, en la tierra que Jehová te da por heredad para que la poseas, borrarás la memoria de Amalec de debajo del cielo; no lo olvides."

Los amalecitas no habían tenido motivo para luchar contra Israel. Ellos atacaron al pueblo sin previo aviso. Atacaron a los que iban a la retaguardia, por detrás del pueblo, a los más débiles y cansados de todos.

Un pueblo tan despiadado, que atacaba a un pueblo que marchaba pacíficamente, debía ser borrado del mapa. Siglos más tarde Dios ordenó a Saúl que los exterminara, y fue rechazado por Dios por no haberlo hecho.

PRIMICIAS Y DIEZMOS

CAPÍTULO 26

1-3: *"Cuando hayas entrado en la tierra que Jehová tu Dios te da por herencia, y tomes posesión de ella y la habites, entonces tomarás de las primicias de todos los frutos que sacares de la tierra que Jehová tu Dios te da, y las pondrás en una canasta, e irás al lugar que Jehová tu Dios escogiere para hacer habitar allí su nombre."*

"Y te presentarás al sacerdote que hubiere en aquellos días, y le dirás: Declaro hoy a Jehová tu Dios, que he entrado en la tierra que juró Jehová a nuestros padres que nos daría."

Cada año, toda familia israelita debía presentar al sacerdote una canasta con los primeros frutos de sus cosechas. Los primeros que iban madurando eran de Jehová. Estos frutos eran siete: trigo, cebada, uvas, higos, granadas, olivas y dátiles. De cada clase debían ponerse en la canasta con hojas entre ellos, y llevarse al lugar que Dios iba a escoger.

Con esto aprendemos a agradecer a Dios por las bendiciones que recibimos de él. Los primeros frutos atraen nuestra atención especial, y los obsequiamos a quienes nos visitan, o a quienes sentimos afecto especial. Es Dios quien debe recibir lo primero y lo mejor que tenemos.

Verso 4- 11: *"Y el sacerdote tomará la canasta de tu mano, y la pondrá delante de Jehová tu Dios. Entonces hablarás y dirás delante de Jehová tu Dios: Un arameo a punto de perecer fue mi padre, el cual descendió a Egipto y habitó allí con pocos hombres y allí creció y llegó a ser una nación grande, fuerte y numerosa, y los egipcios nos maltrataron y nos afligieron, y pusieron sobre nosotros dura servidumbre.*

"Y clamamos a Jehová el Dios de nuestros padres; y Jehová y oyó nuestra voz, y vio nuestra aflicción, nuestro trabajo y nuestra opresión; y Jehová nos sacó de Egipto con mano fuerte, con brazo extendido, con grande espanto, y con señales y con milagros;

"Y nos trajo a este lugar, y nos dio esta tierra, tierra que fluye leche y miel. Y ahora he aquí he traído las primicias del fruto de la tierra que me diste, oh Jehová. Y lo dejarás delante de Jehová tu Dios y adorarás delante de Jehová tu Dios. Y te alegrarás en todo el bien que Jehová tu Dios te haya dado a ti, y a tu casa, así tú como el levita y el extranjero que está en medio de ti."

A la buena obra de traer las primicias de los frutos debían añadir buenas palabras de ofrecimiento. Debían reconocer la baja condición de su antepasado, Jacob. Un arameo, o un sirio a punto de morir. Luego debían recordar que fueron esclavos en Egipto. Pero sobre todo debían recordar que fue Jehová su Dios, quien los sacó de su terrible condición y les dio la buena tierra que fluye leche y miel. Es un privilegio nuestro el poder recordar de donde el Señor nos sacó, para agradecerle todos los días por su bondad y su gracia a nosotros. Cada vez que tenemos el privilegio de ofrendar para su obra, debemos darle gracias y adorarle por su misericordia porque todo lo recibimos de su mano.

Verso 12: "Cuando acabes de diezmar todo el diezmo de tus frutos en el año, el año del diezmo, darás también al levita, al extranjero, al huérfano y a la viuda; y comerán en tus aldeas, y se saciarán."

Ya hablamos de esto en el capítulo 14:28-29. Cada tres años se debía llevar el diezmo a Jehová. El diezmo del primer y segundo año, debía ser llevado a la ciudad que Dios hubiere escogido. Los que lo habían vendido guardaban el dinero para llevarlo a Jehová. El diezmo del tercer año era para ponerlo a la disposición de los levitas, los huérfanos, las viudas y los extranjeros, y comer y alegrarse delante de Jehová.

Verso 13-14: "*Y dirás delante de Jehová tu Dios: He sacado lo consagrado de mi casa, y también lo he dado al levita, al extranjero, al huérfano y a la viuda, conforme a todo lo que me has mandado; no he transgredido tus mandamientos, ni me he olvidado de ellos. No he comido de ello en mi luto, ni he gastado de ello estando yo inmundo, ni de ello he ofrecido a los muertos; he obedecido a la voz de Jehová mi Dios, he hecho conforme a todo lo que me has mandado.*"

Él debe hacer la confesión de que ha sacado todo lo consagrado a Jehová; que no ha guardado nada secretamente para su uso personal, sino que lo ha entregado a aquellos que la ley le había ordenado darlo. Él les ha dado ofrendas al misionero y a los pobres. El confiesa que no ha comido durante el luto, que no había ofrecido nada de ello a los muertos, como es usar parte del diezmo para comprar ataúd o ropa para amortajar al muerto.

Algunos afirman que esto se refiere a la costumbre egipcia de colocar alimentos en las tumbas de los muertos. El diezmo es tan sagrado que no podemos darlo a los familiares, ni a nadie, ni usarlo nosotros para nuestras necesidades, sino llevarlo a la iglesia donde asistimos. Cuando entregamos el diezmo, debemos entregarlo con palabras de confesión al Señor en voz baja, dándole gracias por habernos suplido lo necesario para nuestra vida física.

Verso 15-19: "*Mira desde tu morada santa, desde el cielo, y bendice a tu pueblo Israel, y a la tierra que nos has dado, como juraste a nuestros padres, tierra que fluye leche y miel. Jehová tu Dios te manda hoy que cumplas estos estatutos y decretos; cuida pues, de ponerlos por obra con todo tu corazón y con toda tu alma. Has declarado solemnemente hoy que Jehová es tu Dios, y que andarás en sus caminos, y guardarás sus estatutos, sus mandamientos y sus decretos, y que escucharás su voz.*

"*Y Jehová ha declarado hoy que tú eres pueblo suyo, de su exclusiva posesión, como te lo ha prometido, para que guardes todos sus mandamientos; a fin de exaltarte sobre todas las naciones que hizo, para loor y fama y gloria, y para que seas un pueblo santo a Jehová tu Dios, como él ha dicho.*"

Moisés les hace ver que estos mandamientos, decretos y estatutos no son de su mente, sino órdenes de Dios, el Rey de reyes y Señor de Señores. El pacto que Jehová había hecho con ellos los obligaba a cumplirlos.

ORDEN DE ESCRIBIR LA LEY EN PIEDRAS SOBRE EL MONTE EBAL

CAPÍTULO 27

1-10: "Ordenó Moisés, con los ancianos del pueblo diciendo: Guardaréis todos los mandamientos que yo te prescribo hoy. Y el día que pases el Jordán a la tierra que Jehová tu Dios te da, levantarás piedras grandes, y las revocarás con cal; y escribirás en ellas todas las palabras de esta ley, cuando hayas pasado el Jordán, levantarás estas piedras que yo os mando hoy, en el monte Ebal, y las revocarás con cal; y edificarás allí un altar a Jehová tu Dios, altar de piedras; no alzarás sobre ellas instrumento de hierro.

"De piedras enteras edificarás el altar de Jehová tu Dios, y ofrecerás sobre el holocausto a Jehová tu Dios; y sacrificarás ofrendas de paz, y comerás allí, y te alegrarás delante de Jehová tu Dios. Y escribirás muy claramente en las piedras todas las palabras de esta ley. Y Moisés, con los sacerdotes levitas, habló a todo Israel, diciendo: Guarda silencio y escucha, oh Israel; hoy has venido a ser pueblo de Jehová tu Dios. Oirás, pues, la voz de Jehová tu Dios, cumplirás sus mandamientos y sus estatutos, que yo te ordeno hoy."

Moisés instruye al pueblo acerca de la solemnidad de escribir la ley en tablas de piedra cubiertas de cal, claramente. Ellos han de hacer un altar de piedras sin cortar, sobre las cuales no se ha levantado instrumento de hierro. El hierro es símbolo de pecado. Sobre este altar se ofrecerían holocaustos y ofrendas de paz. El altar debía ser construido en el monte Ebal, al oeste del Jordán. En las piedras se escribirán las maldiciones de la ley.

11-14: "Y mandó Moisés al pueblo en aquel día, diciendo: Cuando hayas pasado el Jordán, estos estarán sobre el monte Gerizím para bendecir al pueblo: Simeón. Leví, Judá, Isacar, José y Benjamín. Y éstos estarán sobre el Monte Ebal para pronunciar la maldición: Rubén, Gad, Aser, Zabulón Dan y Neftalí. Y hablarán los levitas, y dirán a todo varón de Israel en alta voz."

En el territorio que le tocó a Efraín había dos montes cercanos con un valle en medio. Uno se llamaba, Gerizím, y el otro, Ebal. Seis tribus debían estar sobre Gerizím y seis sobre Ebal, frente a frente.

Según la tradición de los judíos, en el valle en medio de los dos montes, estaban los sacerdotes y los levitas en torno al arca. Hecho silencio, tras el toque de la trompeta, los levitas se volvían a la multitud que estaba en el monte Ebal, y pronunciaban una de las maldiciones, y las tribus que estaban en el monte decían: Amén.

Cuando terminaban con todas las maldiciones. Los sacerdotes se volvían hacia el monte Gerizím pronunciando una a una las bendiciones, y las tribus que estaban sobre el monte decían: Amén.

Cuando los creyentes se reúnen a ofrecer el culto al Señor, son el altar de piedras del Señor. 1 Ped. 2:5 dice que los creyentes son piedras vivas. Las piedras para el altar debían ser enteras; las **partidas eran desechadas. No deben ser creyentes carnales, que tengan la mitad de su corazón en** las cosas de Dios, y la mitad en las cosas del mundo.

Sobre las piedras no debía haberse usado instrumentos de hierro. Esto es tipo del pecado en el creyente. El creyente que consciente o inconscientemente está en pecado, es rechazado. El fuego del altar es el fuego del Espíritu Santo y el humo es la adoración y la alabanza. El sacrificio es Cristo, el Verbo, o Palabra de Dios.

LAS MALDICIONES

Verso 15: "Maldito el hombre que hiciere escultura, o imagen de fundición, abominación a Jehová, sobre de mano de artífice, y la pusiere en oculto. Y todo el pueblo responderá y dirá: Amén."

La espada flameante de Jehová se levanta primero para defender el segundo mandamiento. Quedan malditos aquí, no sólo los que adoran imágenes, sino también los que las hacen o las conservan, si son como las que los idólatras usan en el servicio de sus dioses.

Verso 16: "Maldito el que deshonrare a su padre o a su madre. Y dirá todo el pueblo: Amén."

Esta es la violación del quinto mandamiento. El desprecio a los padres es algo tan abominable que figura inmediatamente después del desprecio a Dios.

Verso 17: "Maldito el que redujere el límite de su prójimo. Y dirá todo el pueblo: Amén."

La maldición aquí es por la violación del octavo mandamiento. Esta cae sobre el vecino que reduce la propiedad de su vecino.

Verso 18: "Maldito el que hiciere errar al ciego en el camino. Y dirá todo el pueblo: Amén."

Es maldito de Dios el que ponga tropiezo al ciego en su camino. Esto se aplica también a los ciegos guías de ciegos, los líderes religiosos, que están llevando ciegos al infierno con sus pretensiones de llevarlos al cielo.

Verso 19: "Maldito el que pervirtiere el derecho del extranjero, del huérfano y de la viuda. Y dirá todo el pueblo: Amén."

Este es un juicio de maldición que alcanza a los malos consejeros y a los jueces que no le hacen justicia a los débiles.

Verso 20: "Maldito el que se acostare con la mujer de su padre, por cuanto descubrió el regazo de su padre. Y dirá todo el pueblo: Amén."

Contra el séptimo mandamiento. Pecado maldito aquí se especifica el pecado contra la madrastra, o una de las mujeres de su padre. Rubén perdió la primogenitura por este pecado.

Verso 21: "Maldito el que se ayuntare con cualquier bestia. Y dirá todo el pueblo: Amén."

Este también es un pecado sexual, que viola el séptimo mandamiento. El bestialismo se practicaba como un culto religioso pagano, y es una abominación terrible.

Verso 22: "Maldito el que se acostare con su hermana, hija de su padre, o hija de su madre. Y dirá todo el pueblo: Amén."

El pecado de incesto es abominable a Dios, y una degeneración de la raza.

Verso 23: "Maldito el que se acostare con su suegra. Y dirá todo el pueblo: Amén."

Este pecado es contra el séptimo mandamiento y es una abominación.

Verso 24: "Maldito el que hiriere a su prójimo ocultamente. Y dirá todo el pueblo: Amén."

Contra el sexto mandamiento, el pecado de asesinato del carácter, por medio de la murmuración contra al prójimo. También recibe maldición el que mata a otro a traición, ya sea con armas, con veneno, o con accidentes premeditados.

Verso 25: "Maldito el que recibiere soborno para quitar la vida al inocente. Y dirá todo el pueblo: Amén."

Esta maldición incluye el asesinato voluntario, el que se comete por un sueldo, sea para matar, acusar falsamente, condenar, o quitar la vida al inocente.

Verso 26: "Maldito el que no confirme las palabras de esta ley para hacerlas. Y dirá todo el pueblo: Amén."

La solemnidad concluye con una maldición general a toda persona que no obedezca la ley de Dios. Hay personas que se atreven decir: "Yo no estoy de acuerdo con esto." Sobre ellos cae todo el peso de la maldición del monte Ebal.

BENDICIONES DE LA OBEDIENDIA

Capitulo # 28

1-2: "Acontecerá que si oyeres atentamente la voz de Jehová tu Dios, para guardar y poner por obra todos sus mandamientos que yo te prescribo hoy, también Jehová tu Dios te exaltará sobre todas las naciones de la tierra. Y vendrán sobre ti todas esta bendiciones, y te alcanzarán, si oyeres la voz de Jehová tu Dios."

En este capítulo Moisés pone ante los ojos del pueblo las dos alternativas: *Bendición*, o *Maldición*. Cada ser humano tiene el deber de escoger entre ambas, y pagar las consecuencias si escoge la maldición. Estas bendiciones y maldiciones eran para todo el pueblo israelita, pero se aplica más al creyente que ha sido bendecido con todas las bendiciones espirituales en los lugares celestiales en Cristo. (Efe. 1:3.).

Al que escoge la bendición, ésta le alcanza aunque no la busque. El secreto de la obediencia está en el **oír la voz de Jehová para hacerla.** La voz de Dios es la Palabra. La Palabra se oye para obedecerla, para hacer lo que ella dice.

Las bendiciones llegarán y sobrepasarán todas las expectativas, llenándonos de sorpresas. Ellas son mucho más abundante de lo que pedimos o entendemos. (Efe.3:20.) *Verso 3: "Bendito serás tú en la cuidad, y bendito tú en el campo."* La bendición de protección, la salud y la prosperidad nos siguen en donde quiera que nos encontremos. Estaremos a salvo en la ciudad y en el campo.

Verso 4: "Bendito el fruto de tu vientre, el fruto de tu tierra, el fruto de tus bestias, la cría de tus vacas y los rebaños de tus ovejas."

Esta es bendición sobre los hijos, sobre el trabajo y los negocios. La bendición de Jehová es la que enriquece y no añade tristeza con ella, dice Prov. 10:22.

Verso 5: "Bendita serán tu canasta y tu artesa de amasar." Esta es la provisión. Nunca faltará el alimento en abundancia. Tendremos lo suficiente para nosotros y para ayudar a los que no tienen.

Dependemos de Dios y de sus bendiciones *para el pan de cada día y la canasta de* cada día.

Verso 6: "*Bendito serás en tu entrar y bendito en tu salir.*" No tendremos temores de ladrones, ni de asaltos, ni de temores, porque estamos habitando al abrigo del Altísimo.

Verso 7: Jehová derrotará a tus enemigos que se levanten contra ti; por un camino saldrán contra ti, y por siete caminos huirán de delante de ti." Esta es la protección contra las guerras, los ataques por sorpresa. Protección contra los demonios y los ataques del diablo.

Verso 8: "Jehová te enviará su bendición sobre tus graneros, y sobre todo aquello en que pusieres tu mano; y te bendecirá en la tierra que Jehová tu Dios te da." Note que la bendición es sobre todo lo que tenemos, el trabajo, el hogar, y sobre todo lo que hagamos. El no promete que nos sacaremos la lotería. La bendición es sobre lo que hagamos, el trabajo de nuestras manos.

Verso 9-10: "Te confirmará Jehová por pueblo santo suyo, como te lo ha jurado, cuando guardares los mandamientos de Jehová tu Dios, y anduvieres en sus caminos. Y verán todos los pueblos de la tierra que el nombre de Jehová tu Dios es invocado sobre ti, y te temerán."

El Señor hará que se nos reconozca como pueblo suyo, separado para él, por lo tanto inviolable. La reputación es establecida, así como la seguridad, cuando guardamos sus mandamientos. Mientras los israelitas no violaban el pacto, eran invencibles, porque Dios peleaba por ellos. Nadie podía hacerle frente. Así el creyente obediente, tiene la protección divina contra los demonios. No hay ni uno que no pueda echar fuera con el Nombre de Jesús.

Verso 11 "*Y te hará Jehová sobreabundar en bienes, en el fruto de tu vientre, en el fruto de tu bestia, en el fruto de tu tierra, en el país que Jehová juró a tus padres que te había de dar.*" El Señor les prometió la bendición material a los israelitas. No hubo nación más rica en el mundo que Israel bajo el reinado de Salomón. La Iglesia, ha heredado estas bendiciones, más las espirituales. Todo el que busca primeramente el reino de Dios y su justicia, todas estas cosas le son añadidas.

Verso 12: "*Te abrirá Jehová su buen tesoro, el cielo, para enviar la lluvia a tu tierra en su tiempo, y para bendecir la obra de tus manos. Y prestarás a muchas naciones, y tú no pedirás prestado.*"

El buen tesoro del Señor; la lluvia. Sin lluvia no hay alimento. No importa como se llame el producto que compramos, viene de la tierra, y por la lluvia. En las naciones donde hay sequía, hay hambre; el hambre trae enfermedades y muerte. El rico hace tesoros en la tierra donde el moho corrompe. Nada se lleva cuando muere. Todo lo tiene que dejar. El Señor nos aconseja a hacer tesoros en el cielo. Allí no hay ladrones que roben. (Mateo 6:20.)

¿Cómo haremos tesoros en el cielo? Ofrendando para la obra del Señor. Ayudando a los pobres. Lucas 16:9 nos dice que ganemos amigos por medio de las riquezas injustas, para que cuando estas falten nos reciban en las moradas eternas.

Verso 13-14: "*Te pondrá Jehová por cabeza, no por cola; y estarás encima solamente, y no estarás debajo, si obedecieres los mandamientos de Jehová tu Dios, que yo te ordeno hoy, para que los guardes y los cumplas, y si no te apartares de todas las palabras que yo te mando hoy, ni a diestra, ni a siniestra, para ir tras dioses ajenos y servirles.*"

Israel sería cabeza de naciones, si guardaba el pacto. Ellos no pudieron hacerlo, lo violaron, y fueron llevados cautivos a todas las naciones. El creyente puede guardar el Nuevo Pacto, porque ha nacido de nuevo, y tiene el Espíritu Santo para guiarlo. Si se dedica con interés a renovar su mente con la Palabra de Dios para cumplirla y hacerla, no hay límite donde pueda llegar en su vida. Él es cabeza y no cola. Siempre estará en la rueda de arriba, nunca en la de abajo. El conocer y cumplir la Palabra de Dios y serle fiel, es el secreto del éxito, tanto espiritual, como material, del creyente.

CONSECUENCIAS DE LA DESOBEDIENCIA

15-44: "Pero acontecerá, si no oyeres la voz de Jehová tu Dios, para procurar cumplir todos sus mandamientos que yo te intimo hoy, que vendrán sobre ti todas estas maldiciones y te alcanzarán."

Los israelitas oían la proclamación de las bendiciones y las maldiciones de los montes Ebal y Gerizím. Ninguno tenía excusa para violar la ley. Ellos tenían a los levitas en sus ciudades, cuyo trabajo era recordarles siempre los mandamientos de Dios. Los padres se lo repetían a los hijos desde que eran bebés. Si la nación se tornaba rebelde a los mandamientos, lo hacía con pleno conocimiento de causa.

El creyente tiene la Palabra de Dios; tiene sus maestros que les enseñan y le explican los pasajes difíciles. Sabemos que muchos no conocen la Palabra, porque sus pastores y maestros no se la enseñan. Ellos son alimentados con temas de actualidad, temas psicológicos y filosóficos acerca de la Palabra, pero no con lo que dice Dios.

¿Cómo obedecer la Palabra si no la conocen? Hay creyentes que violan los mandamientos y son echados del redil a causa de sus pecados. Pero algunos no conocen lo que a Dios no le agrada. Es por eso que 1 Pedro 2:2 dice que el creyente debe desear la leche espiritual sin adulterar con filosofías ni doctrinas de hombres, como un bebé recién nacido.

Verso 16-20: "Maldito serás tú en la ciudad, y maldito en el campo. Maldita tu canasta, y tu artesa de amasar. Maldito el fruto de tu vientre, el fruto de tu tierra, la cría de tus vacas, y los rebaños de tus ovejas. Maldito serás en tu entrar, y maldito en tu salir. Y Jehová enviará contra ti la maldición, quebranto y asombro en todo cuanto pusieres tu mano e hicieres, hasta que seas destruido, y perezcas pronto a causa de la maldad de tus obras por las cuales me habrás dejado."

El diablo, que había estado atado con una cadena, es soltado contra los violadores del pacto, contra los que dejan al Señor. Sus hijos son malditos, su trabajo, su casa, su nevera y su alacena. Es víctima de los ladrones y los asaltos. El miedo atenaza su corazón, y todo lo que trata de hacer, se deshace en sus manos. Y este es sólo el principio de los dolores.

No debemos olvidar que Cristo llevó en él la maldición de la ley, para que su pueblo, la Iglesia, no tenga que llevarla: (Gál. 3:13.)

Verso 21-22: "Jehová traerá contra ti la mortandad, hasta que te consuma de la tierra a la cual entras para tomar posesión de ella. Jehová te herirá de tisis, de fiebre, de inflamación y de ardor; con sequía, con calamidad repentina, y con añublo; y te perseguirán hasta que perezcas."

Aquí hay seis tipos de enfermedades para los violadores del pacto. Tuberculosis, fiebre, (amarilla o escarlata), inflamación, hemorroides, sequía, y tizoncillo.

Verso 23-24: "Y los cielos que están sobre tu cabeza serán de bronce, y la tierra que está debajo de ti, será de hierro. Dará Jehová por lluvia a tu tierra polvo y ceniza: de los cielos descenderán sobre ti hasta que perezcas." No habrá comunicación con el cielo, y la tierra no dará su producto. Esto nos recuerda que cuando Jesús colgó de la cruz, suspendido entre el cielo y la tierra, el cielo le negó un rayo de luz, y la tierra le negó una gota de agua.

Verso 25-26: "Jehová te entregará derrotado delante de tus enemigos; por un camino saldrás contra ellos, y por siete caminos huirás delante de ellos; y serás vejado por todos los reinos de la tierra. Y tus cadáveres servirán de comida a toda ave del cielo y fiera de la tierra, y no habrá quien las espante."

Esta maldición se cumplía cada vez que los Israelitas dejaban a Dios; y al fin cuando las diez tribus fueron llevadas cautivas a Asiria; y cuando Judá y Benjamín fueron llevados a Babilonia. Más tarde, en el año 70 DC, cuando Jerusalén fue destruida por los romanos.

Verso 27-29: "Jehová te herirá con la úlcera de Egipto, con tumores (almorranas), con sarna, y con comezón de que no puedas ser curado. Jehová te herirá de locura, ceguera y turbación de espíritu; y palparás al medio día como palpa el ciego en la oscuridad, y no serás prosperado en tus caminos; y no serás sino oprimido y robado todos los días y no habrá quien te salve."

Aquí tenemos siete enfermedades más; cáncer, hemorroides, lepra, eczema, locura, depresión y ceguera. La maldición incluye el asalto diario, la pobreza, y la opresión diabólica. La ceguera peor es la ceguera espiritual de la ignorancia.

Verso 30-32: "Te desposarás con mujer, y otro varón dormirá con ella; edificarás casa, y no habitarás en ella; plantarás viña, y no la disfrutarás. Tu buey será matado delante de tus ojos, y tú no comerás de él; tu asno será arrebatado de delante de ti, y no te será devuelto; tus ovejas serán dadas a tus enemigos, y no tendrás quien te las rescate.

"Tus hijos y tus hijas serán entregados a otro pueblo, y tus ojos lo verán, y desfallecerán por ellos todo el día; y no habrá fuerza en tu mano." Estas maldiciones incluyen la traición del ser amado, la destrucción del hogar, la pérdida del empleo, y la perdición de los hijos en el vicio y en la droga.

Verso 33-34 "El fruto de tu tierra y de todo tu trabajo comerá pueblo que no conociste; y no serás sino oprimido y quebrantado todos los días. Y enloquecerás a causa de lo que verás con tus ojos." Esta es la maldición de la esclavitud. Los israelitas habían sido esclavos en Egipto. Cuando violaron el pacto fueron llevados como esclavos a otras naciones. Los podemos ver llorando junto al río de Babilonia con sus arpas colgadas de los sauces, sin poder cantar. (Sal. 137.)

Verso 35: "Te herirá Jehová con maligna pústula en las rodillas, y en las piernas, desde la planta de tu pie hasta la coronilla, sin que puedas ser curado." Esta maldición de enfermedad impide el movimiento. Las rodillas y las piernas quedan inservibles. Esta era la triste condición descrita en Isaías 1: 6: "Desde la planta del pie hasta la cabeza no hay en él cosa sana, sino herida, hinchazón y podrida llaga." Estas palabras las habló el profeta Isaías 750 años más tarde describiendo la condición espiritual del pueblo de Israel.

Verso 36: "*Jehová te llevará a ti, y al rey que hubieres puesto sobre ti, a nación que no conociste ni tus padres; y allá servirás a dioses ajenos, al palo y a la piedra.*" Esto se cumplió con el rey Sedequías en el año 599 A.C. o sea 852 años más tarde. Los babilonios llevaron cautivo al rey Sedequías, le sacaron los ojos y murió en la cárcel. (Jer.52:11.)

Verso 37: "*Y serás motivo de horror, y servirás de refrán y de burla a todos los pueblos a los cuales te llevará Jehová.*" Una de las cosas más tristes que experimentan los descarriados es la burla de los impíos que no cesan de decirle: "Tú eras cristiano."

Verso 38-40: "*Sacarás mucha semilla del campo, y recogerás poco, porque la langosta lo consumirá. Plantarás viñas y labrarás, pero no beberás vino, ni recogerás uvas, porque el gusano se las comerá. Tendrás olivos en todo tu territorio, mas no te ungirás con aceite, porque tu aceituna se caerá.*" La maldición alcanzaría la tierra. Ellos sembrarían mucho y recogerían poco. Los gusanos se comerían las uvas, y los olivares expulsarían las aceitunas antes de tiempo.

Verso 41-44: "*Hijos e hijas engendrarás, y no serán para ti, porque irán en cautiverio. Toda tu arboleda y el fruto de tu tierra serán consumidos por la langosta. El extranjero que estará en medio de ti se elevará sobre ti muy alto, y tú descenderás muy abajo. Él te prestará a ti, y tú no le prestarás a él; él será por cabeza, y tú serás por cola.*"

¡Cuántos hijos de creyentes, menores de edad, están cautivos por el diablo, envueltos en la droga, en toda clase de vicios, y hasta en la cárcel! Cuando esto le sucede a un creyente debe preguntarse si ha violado la ley del amor, si ha violado el pacto en la sangre de Cristo. Si los hijos son mayores, que han salido del hogar, no tenemos que preguntarnos esto, porque no somos responsables de lo que ellos puedan hacer. Nuestra responsabilidad fue darles un buen ejemplo, e instruirlos en las cosas de Dios. Las plagas siguen a los que violan el pacto y dejan al Señor. Ahí está la pobreza, la turbación y la desgracia de la familia.

Verso 45- 48: "Y vendrán sobre ti todas estas maldiciones, y te perseguirán, y te alcanzarán hasta que perezcas; por cuanto no habrás atendido a la voz de Jehová tu Dios, para guardar sus mandamientos y sus estatutos, que él te mandó; y serán en ti por señal y por maravilla, y en tu descendencia para siempre. Por cuanto no serviste a Jehová tu Dios con alegría y con gozo de corazón, por la abundancia de todas las cosas, servirás, por tanto, a tus enemigos que enviare Jehová contra ti, con hambre, con sed y con desnudez, y con falta de todas las cosas; y él pondrá yugo de hierro sobre tu cuello, hasta destruirte."

¿El motivo de la maldición? No haber servido a Dios con alegría y gozo de corazón. No agradecer las bendiciones con que Dios los había colmado. Si iban a los servicios lo hacían por obligación, prefiriendo estar en otro sitio. El Señor dijo: *"Este pueblo de labios me honra, mas su corazón está lejos de mí."* (Isa. 29:13.) Pidámosle al Señor un corazón lleno de gratitud y de alabanza sincera conque le adoremos en el espíritu.

Verso 49- 51: "Jehová traerá contra ti una nación de lejos, del extremo de la tierra, que vuele como águila, nación cuya lengua no entiendas; gente fiera de rostro, que no tendrá respeto al anciano, ni perdonará al niño; y comerá el fruto de tu bestia, y el fruto de tu tierra, hasta que perezcas; y no te dejará grano, ni mosto, ni aceite, ni la cría de tus vacas, ni los rebaños de tus ovejas, hasta destruirte."

En Isaías 10: 5-6 dice: *"Oh Asiria, vara y báculo de mi furor, en su mano he puesto mi ira. Le mandaré contra una nación pérfida, y sobre el pueblo de mi ira le enviaré, para que quite despojos, y arrebate presa, y lo ponga para ser hollado como el lodo de las calles."* Esta fue la nación que llevó cautivas a las diez tribus en el año 740, o sea 711 años después de esta profecía de Moisés.

En Jeremías 25: 9 dice: "He aquí enviaré y tomaré a todas las tribus del norte, dice Jehová, y a Nabucodonosor, rey de Babilonia, mi siervo, y los traeré contra esta tierra y contra sus moradores, y contra todas estas naciones en derredor; y los destruiré, y los pondré por escarnio y por burla y en desolación perpetua."

Esto tuvo su segundo cumplimiento, en el año 599 A.C, cuando Judá y Benjamín fueron llevados cautivos, 852 años después de esta profecía de Moisés. Y su tercer cumplimiento fue en el año 70 D.C. cuando Jerusalén fue destruida por los romanos.

Verso 52-58: "Pondrá sitio a todas tus ciudades, hasta que caigan tus muros altos y fortificados en que tú confías, en toda tu tierra; sitiará, pues, todas tus ciudades y toda la tierra que Jehová tu Dios te hubiere dado. Y comerás el fruto de tu vientre, la carne de tus hijos y de tus hijas que Jehová tu Dios te dio, en el sitio y en el apuro con que te angustiará tu enemigo.

"El hombre tierno en medio de ti, y el muy delicado, mirará con malos ojos a su hermano, y a la mujer de su seno, y al resto de sus hijos que quedaren; para no dar a alguno de ellos la carne de sus hijos, que él comiere, por no haberle quedado nada, en el apuro con que tu enemigo te oprimirá en todas tus ciudades.

"La tierna y la delicada entre vosotros, que nunca la planta de su pie intentaría sentar sobre la tierra, de pura delicadeza y ternura, mirará con malos ojos al marido de su seno, a su hijo y a su hija, al recién nacido que sale de entre sus pies, y a sus hijos que diere a luz; pues los comerá ocultamente, por la carencia de todo, en el asedio y en el apuro con que tu enemigo te oprimirá en tus ciudades."

Esto se cumplió al pie de la letra cuando los sirios sitiaron a Samaria, 559 años después en tiempo del profeta Eliseo. (2 Reyes 6:28-29.) Dos mujeres vinieron ante el rey Joram de Israel con la queja de que dos mujeres habían decidido comer sus hijos. Una cocinó el de ella un día, pero al otro, la otra mujer no quiso cocinar el suyo.

Verso 58-63: "Si no cuidares de poner por obra todas las palabras de esta ley que están escritas en este libro, temiendo este nombre glorioso y temible JEHOVA TU DIOS, entonces se aumentará maravillosamente tus plagas y las plagas de tu descendencia, plagas grandes y permanentes, y enfermedades malignas y duraderas; y traerá sobre ti todos los males de Egipto, delante de los cuales temiste, y no te dejarán.

"Asimismo toda enfermedad y toda plaga que no está escrita en el libro de esta ley, Jehová la enviará sobre ti, hasta que seas destruido. Y quedaréis pocos en número, en lugar de haber sido como las estrellas del cielo en multitud, por cuanto no obedecisteis la voz de Jehová tu Dios.

"Así como Jehová se gozaba en haceros bien y en multiplicaros, así se gozará Jehová en arruinaros y en destruiros; y seréis arrancados de sobre la tierra a la cual entráis para tomar posesión de ella."

Es asombroso que un pueblo tan bendecido por Dios, que por tantos siglos fue el favorito del cielo, hubiera sido abandonado; y tan terriblemente rechazado: (aunque no ha sido revocada su elección, Rom. 11:29.) He aquí los pasos que describen la ruina de Israel.

IMÁGENES DEL LOS IMPERIOS ROMANO Y ASIRIO

1: Que serían invadidos por enemigos lejano. Ellos volarían con alas de águilas: el águila es el símbolo romano. Ellos fueron invadidos por varias naciones: Asiria, Babilonia, Siria, Roma, y al final por el anticristo. 2: Que el país quedaría desolado, y todos sus frutos comidos por los invasores. 3: Que sus ciudades serían sitiadas por ejércitos tan poderosos y obstinados que quedarían pocos en Israel. 4: Que el resto sería dispersado por todas las naciones. Esto se cumplió en los últimos 19 siglos.

Verso 64-68: "*Y Jehová te esparcirá por todos los pueblos, desde un extremo de la tierra hasta el otro extremo; y allí servirás a dioses ajenos que no conociste tú ni tus padres, al leño y a la piedra. Y ni aún entre estas naciones descansarás, ni la planta de tu pie tendrá reposo; pues allí te dará Jehová corazón temeroso de noche y de día, y no tendrás seguridad en tu vida.*

"*Por la mañana dirás: ¡Quién diera que fuese la mañana! Por el miedo de tu corazón con que estarás amedrentado, y por lo que verán tus ojos. Y Jehová te hará volver a Egipto en naves por el camino del cual te ha dicho: Nunca más volverás; y allí seréis vendidos a vuestros enemigos por esclavos y por esclavas, y no habrá quien os compre.*"

El pecado de los judíos al rechazar a Cristo y su mensaje salvador, trajo una persecución y destrucción más grande. En este siglo solamente, por el inhumano anti semitismo de Hitler, murieron más de seis millones de judíos en Europa. En Argentina, recientemente, murieron una gran cantidad de ellos por las bombas de los enemigos.

Al fin los judíos están en Israel, sin embargo viven en estado de sobre salto, a causa de los enemigos que le rodean. En las Naciones Unidas, la única nación que no pertenece al Consejo de Seguridad, es Israel. Gracias a Dios que hay muchos en este tiempo que se han vuelto Mesiánicos, han aceptado a Cristo como su Mesías.

Josefo dice que en la destrucción de Jerusalén, en el año 70; tanto Tito, como Adriano años después; llevaron cautivos a muchos israelitas a Egipto y los vendieron como esclavos. Ellos se reservaron 97,000 prisioneros, porque estaban cansados de la matanza. Los mayores de 17 años fueron enviados a las minas o a luchar contra las fieras en el circo de Roma como gladiadores.

Los menores fueron destinados a ser vendidos en el mercado de esclavos, pero el mercado estaba lleno y no había quien los comprara. Los que sobraron fueron puestos en campos de concentración, en los que millares murieron de hambre.

CAPÍTULO 29

1-3: "Estas son las palabras del pacto que Jehová mandó a Moisés que celebrase con los hijos de Israel en la tierra de Moab, además del pacto que concertó con ellos en Horeb. Moisés, pues, llamó a todo Israel, y les dijo: Vosotros habéis visto todo lo que Jehová ha hecho delante de vuestros ojos en la tierra de Egipto a Faraón y a todos sus siervos, y a toda su tierra, las grandes pruebas que vieron vuestros ojos, las señales y las grandes maravillas."

Habiendo pronunciado las bendiciones y las maldiciones del pacto en el capítulo anterior, Moisés pasa a explicarle a la nueva generación acerca del pacto de Dios con Israel.

Verso 5-6: "Pero Hasta hoy Jehová no os ha dado corazón para entender, ni ojos para ver, ni oídos para oír."

Note que Dios no les había dado espíritu de sabiduría ni de revelación para entender las cosas espirituales, porque estaban muertos espiritualmente.

Verso 7-9: "Y yo os he traído cuarenta años en este desierto; vuestros vestidos no se han envejecido sobre vosotros, ni vuestro calzado se ha envejecido sobre vuestro pie. No habéis comido pan, ni bebido vino ni sidra; para que supierais que yo soy Jehová vuestro Dios.

"Y llegasteis a este lugar, y salieron Sehón rey de Hesbón, y Og rey de Basán delante de nosotros para pelear, y los derrotamos; y tomamos su tierra, y la dimos por heredad a Rubén, a Gad y a Manasés. Guardaréis, pues, las palabras de este pacto, y las pondréis por obra, para que prosperéis en todo lo que hiciereis."

Jehová iba a renovar el pacto con la nueva generación antes de que entraran a Canaán. Es probable que los que algunos de los que vivían aún, eran demasiado viejos para ser instruidos, pero tenían la edad suficiente para recordar el pacto que se hizo en el Sinaí, sin embargo ahora deben consentir en su renovación con la nueva generación.

Verso 10-13: *"Guardaréis, pues, las palabras de este pacto y las pondréis por obra, para que prosperéis en todo lo que hiciereis. Vosotros todos estáis hoy en presencia de Jehová vuestro Dios; los cabezas de las tribus, vuestros ancianos, y vuestros oficiales, todos los varones de Israel;*

"Vuestros niños, vuestras mujeres, y tus extranjeros que habitan en medio del campamento, desde que corta tu leña hasta que el que saca tu agua; para que entres en el pacto de Jehová tu Dios, y en su juramento, que Jehová tu Dios concierta hoy contigo, para confirmarte hoy como su pueblo, y para que él sea a ti por Dios, de la manera que él te ha dicho, y como lo juró a tus padres Abraham, Isaac y Jacob."

Ya Moisés estaba llegando al final de su discurso. Por esto estaba muy celoso de inculcar y grabar fuertemente en la mente del pueblo lo que acababa de decir. El deseaba ligarlos a Dios y a los deberes y responsabilidades que el pacto solemne con Dios demandaba. El pacto demandaba que el pueblo consintiera en entrar al mismo.

Todos los antiguos conocían la importancia de un pacto. Gál. 3:15 dice que un pacto, aunque sea de hombres, una vez ratificado, nada lo invalida ni le añade.

Dios sólo trata con el hombre por medio de pactos. Los gentiles no tienen pacto con Dios, ni derecho promesas; ellos están sin Dios y sin esperanza en el mundo, y son hijos de la ira. (Efesios 2:1-12.) Su oración es hecha a los demonios, (1 Corintios 10:20.), pero el pueblo Israelita tenía pacto con Dios. Así la Iglesia de Jesucristo, tiene pacto con Dios establecido en la sangre de Cristo. El que no es judío, ni pertenece a la Iglesia de Cristo no tiene arte ni suerte con Dios. Su dios es Satanás y pertenece a su familia, (1 Juan 3:10.)

Todos los pactos que Jehová hizo con los Israelitas, están basados en el pacto de sangre que hizo con Abraham. Para poder entender claramente esto, tenemos que ir al principio, cuando Dios creó al hombre Adán, le hizo sub regente de la creación. Todos sabemos cómo este entregó la creación en manos del enemigo. Dios no tenía derecho de sacar un hombre del dominio del diablo, a menos que entrara en un pacto con él, por medio de sangre.

En Génesis 15 vimos a los animalitos actuando como sustitutos por Jehová cuando estableció el pacto de sangre. Dios se comprometió a usar sustitutos hasta que él mismo viniera a morir y a derramar su sangre para establecer un nuevo pacto.

Piense en lo importante de este pacto. El pacto con Abraham le daba derecho legal a Dios de hacer un pueblo de la descendencia de Abraham para él en la tierra. Si, Dios podía castigar al hombre y despojar a Satanás de su derecho legal sobre la raza humana, pero él no podía actuar arbitrariamente porque el derecho que Adán le dio a Satanás era un derecho legal.

¿Se da cuenta ahora de lo importante que era para Dios que este pueblo israelita entrara en el pacto para volverse pueblo suyo, obedeciéndole en todo? ¿Se da cuenta de lo terrible que era la violación del pacto? Satanás volvería a tenerlos bajo su control. Esta era la razón para lo terrible de las maldiciones. No era Jehová el que le traería los males, sino Satanás, quien volvía a ser su dios nuevamente. Recuerde que Cristo no había venido a morir por ellos aún y a redimirlos legalmente del poder del diablo.

Verso 14-19: "Y no solamente con vosotros hago yo este pacto y este juramento, sino con los que están aquí presentes hoy con nosotros delante de Jehová nuestro Dios, y con los que no están aquí hoy con nosotros. Porque vosotros sabéis cómo habitamos en la tierra de Egipto. Y cómo hemos pasado por en medio de las naciones por las cuales habéis pasado; y habéis visto sus abominaciones y sus ídolos de madera y piedra, de plata y oro que tienen consigo.

"No sea que haya entre vosotros varón o mujer, o familia o tribu cuyo corazón se aparte hoy de Jehová nuestro Dios, para ir a servir a los dioses de esas naciones; no sea que haya en medio de vosotros raíz que produzca hiel y ajenjo, y suceda que al oír las palabras de esta maldición, él se bendiga en su corazón, diciendo: Tendré paz aunque ande en la dureza de mi corazón, a fin de que con la embriaguez quite la sed."

"No querrá Jehová perdonarlo, sino que entonces humeará la ira de Jehová y su celo sobre el tal hombre, y se asentará sobre él toda maldición escrita en este libro, y Jehová borrará su nombre de

debajo del cielo; y lo apartará Jehová de todas las tribus de Israel para mal, conforme a todas las maldiciones del pacto escrito en este libro de la ley.

"Y dirán las generaciones venideras, vuestros hijos que se levanten después de vosotros, y el extranjero que vendrá de lejanas tierras, cuando vieren las plagas de aquella tierra, y sus enfermedades de que Jehová la habrá hecho enfermar (azufre y sal, abrasa toda la tierra; no será sembrada, ni producirá, ni crecerá en ella hierba alguna, como sucedió en la destrucción de Sodoma y Gomorra, de Adma y de Zeboim, las cuales Jehová destruyó en su furor y en su ira) más aún, todas las naciones dirán: ¿Por qué hizo Jehová esta tierra? ¿Qué significa el ardor de esta gran ira?"

El principal objetivo de la renovación del pacto era para fortalecerlos contra las tentaciones de la idolatría. Los idólatras son como los borrachos, apagados sin tino ellos mismos a sus ídolos, tratan de llevar otros a su misma insensatez. La idolatría habría de ser la ruina de la nación; traería gran cantidad de plagas al país que consintiera en esta raíz de amargura y recibiera su infección: Tanto como crezca el pecado, crecerá también el juicio de Dios.

Verso 24-29: *"Y responderán. Por cuanto dejaron el pacto de Jehová, el Dios de sus padres, que él concertó con ellos cuando los sacó de la tierra de Egipto, y fueron y sirvieron a dioses ajenos, y se inclinaron a ellos, dioses que no conocían, y que ninguna cosa les había dado.*

"Por tanto, se encendió la ira de Jehová contra esta tierra, para traer sobre ella todas las maldiciones escritas en este libro; y Jehová los desarraigó de su tierra con ira, con furor y con grande indignación, y los arrojó a otra tierra, como hoy se ve. Las cosas secretas pertenecen a Jehová nuestro Dios; mas las reveladas son para nosotros y para nuestros hijos para siempre, para que cumplamos todas las palabras de esta ley."

A la pregunta: ¿por qué hizo esto Jehová a esta tierra? Se le da una respuesta suficiente para justificar a Dios y amonestarnos a nosotros. Pero si alguien vuelve a preguntar: ¿por qué quiso Dios, mediante un despliegue tan grande de obras milagrosas y portentosas, hacer un pueblo para él de gente tan rebelde y contumaz, sabiendo que se volvería a los ídolos?

Ellos debían contestar que las cosas secretas pertenecen a Dios y las reveladas a nosotros. La Palabra no es para que nosotros inquiramos las cosas secretas, sino para saber lo que el Señor quiere que hagamos, y para hacerlo.

CONDICIONES PARA LA RESTAURACION Y LA BENDICION

CAPÍTULO 30

1-3: "Sucederá que cuando hubieren venido sobre ti todas estas cosas, la bendición y la maldición que he puesto delante de ti, y te arrepintieres en medio de todas las naciones adonde te hubiere arrojado Jehová tu Dios, y te convirtieres a Jehová tu Dios, y obedecieres a su voz conforme a todo lo que yo te mando hoy, tú y tus hijos, con todo tu corazón y con toda tu alma, entonces Jehová hará volver a tus cautivos, y tendrá misericordia de ti, y volverá a recogerte de entre todos los pueblos adonde te hubiere esparcido Jehová tu Dios."

El Señor sabía y conocía la terquedad, y la debilidad del pueblo. Él sabía que se iban a corromper. Él sabía que el diablo tenía aún parte en ellos, pero ellos eran los hijos de su socio del pacto, Abraham. Aunque ellos fueran rebeldes, era el único pueblo sobre el cual Dios tenía derecho legal, por causa del pacto. Las demás naciones no tenían pactos con Jehová. Por eso les dice que donde quiera que estén, no importaba la condición, si ellos se arrepentían, él volvería a recibirlos.

Verso 4-6 "Aun cuando tus desterrados estuvieren en las partes más lejanas que hay debajo del cielo, de allí te recogerá Jehová tu Dios, y de allá te tomará; y te hará volver Jehová tu Dios a la tierra que heredaron tus padres, y será tuya; y te hará bien, y te multiplicará más que a tus padres."

"Y circuncidará Jehová tu Dios tu corazón, y el corazón de tu descendencia, para que ames a Jehová tu Dios con todo tu corazón y con toda tu alma, a fin de que vivas."

El Dios que guarda el pacto estaba preservando una línea justa de donde vendría el Redentor. Los israelitas era la única nación que conocía al Dios verdadero y tenía pacto con él. Aquí Dios les promete que llegaría el tiempo en que él vendría a la tierra a cumplir su parte de pacto, a derrotar al Satanás, a libertar a sus cautivos, y a formar la Iglesia. Ellos serían circuncidados en el corazón, por el nuevo nacimiento, y recibirían vida eterna. Entonces le amarían de corazón.

Verso 7-10: *"Y podrá Jehová tu Dios todas estas maldiciones sobre tus enemigos, y sobre tus aborrecedores que te persiguieron. Y tú volverás, y oirás la voz de Jehová, y pondrás por obra todos sus mandamientos que yo te ordeno hoy.*

"Y te hará Jehová abundar en toda obra de tus manos, en el fruto de tu vientre, en el fruto de tu bestia, y en el fruto de la tierra, para bien; porque Jehová volverá gozarse sobre ti para bien, de la manera que se gozó sobre tus padres, cuando obedecieres la voz de Jehová tu Dios, para guardar sus mandamientos y sus estatutos escritos en este libro de la ley; cuando te conviertas a Jehová tu Dios con todo tu corazón y con toda tu alma."

Todo esto se cumpliría en la Iglesia. Esta fue establecida el día de Pentecostés en el año 33 de nuestra era. Los primeros 12 años era compuesta sólo de judíos y prosélitos de entre los gentiles. No fue sino hasta el año 41 que Dios permitió que Pedro abriera la puerta a los gentiles, en la casa de Cornelio.

Verso 11-14: *"Porque este mandamiento que yo te ordeno hoy no es demasiado difícil para ti, ni está lejos. No está en el cielo para que digas: ¿Quién subirá al cielo, y nos lo traiga y nos lo haga oír para que lo cumplamos?*

"Ni está al otro lado del mar, que para que digas: ¿Quién pasará por nosotros el mar, para que nos lo traiga y nos lo haga oír a fin de que lo cumplamos? Porque muy cerca de ti está la palabra, en tu boca y en tu corazón, para que la cumplas."

Los mandamientos no eran difíciles de cumplir, pero para los israelitas, a causa de su condición de muerte espiritual, era un imposible. Por esa razón las tablas fueron puestas dentro del arca, con el asiento de la misericordia encima. Sólo Cristo pudo cumplir la ley, para establecer el nuevo pacto, basado sobre mejores promesas.

No debemos perder de vista que el pueblo israelita quería obedecer los mandamientos, pero no podía. Por eso sobre su triste condición estaba la misericordia de Dios. Estaban tan ciegos que cuando Dios vino a cumplir su parte del pacto, no le reconocieron. Ello no debían estar perplejos, pues la palabra estaba escrita en el libro; la tenían en sus labios, ya que debían repetirlas a sus hijos, sin embargo no podía estar en sus corazones.

Versos 15-18: "Mira, yo he puesto delante de ti hoy la vida y el bien, la muerte y el mal; porque yo te mando hoy que ames a Jehová tu Dios, que andes en sus caminos, y guardes sus mandamientos, sus estatutos y sus decretos, para que vivas y seas multiplicado, y Jehová tu Dios te bendiga en la tierra a la cual pasas para tomar posesión de ella.

"Más si tu corazón se apartare y no oyeres, y te dejares extraviar, y te inclinares a dioses ajenos y les sirvieres, yo os protesto hoy que de cierto pereceréis; no prolongaréis vuestros días sobre la tierra a dónde vas, pasando el Jordán, para entrar en posesión de ella."

Moisés pone ante ellos camino de vida y camino de muerte. Todo dependía de la fidelidad al pacto o a su violación. Este pueblo debía ser testigo del Dios verdadero ante las naciones.

Verso 19- 20: "A los cielos y a la tierra llamo por testigo hoy contra vosotros, que os he puesto delante la vida y la muerte, la bendición y la maldición; escoge, pues, la vida, para que vivas tú y tu descendencia; amando a Jehová tu Dios, atendiendo a su voz, y siguiéndole a él, porque él es la vida para ti, prolongación de tus días; a fin de que habites sobre la tierra que juró Jehová a tus padres, Abraham, Isaac y Jacob, que les había de dar."

Moisés llama al cielo y la tierra sus testigos, de que le había hablado a la nueva generación todo lo que Jehová había mandado. Él no les había escondido nada. Ellos serían responsables de instruir a sus hijos en la palabra de Dios, para que las generaciones se mantuvieran puras y no fueran arrojados de la buena tierra por violar el pacto de Abraham, Isaac y Jacob. Así es la responsabilidad del creyente instruir a sus hijos en la Palabra de Dios, el evangelio, para que lo obedezcan y vivan.

JOSUE INSTALADO COMO SUCESOR DE MOISES

CAPÍTULO 31

1-2: *"Fue Moisés y habló estas palabras a todo Israel, y les dijo: Este día soy de edad de ciento veinte años; no puedo más salir ni entrar; además de esto Jehová me ha dicho: No pasarás este Jordán."*

Moisés no podía pasar el pueblo a Canaán, porque él es tipo de la dispensación de la ley. La ley no salva a nadie. Ella es como un termómetro para medir la temperatura, pero que no cura la fiebre. El pueblo debía ser pasado por Josué, o Jeshúa. Este es un tipo de Cristo y la dispensación de la gracia.

Verso 3- 8: "Jehová tu Dios, él pasa delante de ti; él destruirá a estas naciones delate de ti, y las heredarás; Josué será el que pasará delante de ti, como Jehová ha dicho. Y hará Jehová con ellos como hizo con Sehón y con Og, reyes de los amorreos, y con su tierra, a quienes destruyó.

"Y los entregará Jehová delante de vosotros, y haréis con ellos conforme a todo lo que os he mandado. Esforzaos y cobrad ánimo; no temáis, ni tengáis miedo de ellos, porque Jehová tu Dios es el que va contigo; no te dejará, ni te desamparará.

"Y llamó Moisés a Josué, y le dijo en presencia de todo Israel: Esfuérzate y anímate; porque tú entrarás con este pueblo a la tierra que juró Jehová a sus padres que les daría, y tú se la harás heredar. Y Jehová va delante de ti; él estará contigo, no te dejará, ni te desamparará; no temas ni te intimides."

Moisés promete que cuando pasen el Jordán Dios peleará por ellos como hizo con los amorreos al este del Jordán. El no pasaría; estaba muy anciano. Él estaba listo a irse con el Señor. Pero Jehová no se pone viejo. Él es eterno. El pasaría con ellos a la tierra prometida.

Josué es llamado delante de todo el pueblo para que supieran quien iba a ser su nuevo caudillo. A él debían obedecer en todo. Con esto dejaba claro a quien Dios había escogido para sucederle para que nadie intentara dar un golpe de estado a su gobierno, como sucedió con Coré, Datán y Abirán.

Verso 9-13 "Y escribió Moisés esta ley y la dio a los sacerdotes hijos de Leví, que llevaban el arca del pacto de Jehová, y a todos los ancianos de Israel. Y les mandó Moisés diciendo: Al fin de cada siete años, en el año de la remisión, en la fiesta de los tabernáculos, cuando viniere todo Israel a presentarse delante de Jehová tu Dios en el lugar que él escogiere, leerás esta ley delante de todo Israel a oídos de ellos.

"Harás congregar el pueblo, varones, mujeres y niños, y tus extranjeros que estuvieren en tus ciudades, para que oigan y aprendan, y teman a Jehová vuestro Dios, y cuiden de cumplir todas las palabras de esta ley; y los hijos de ellos que no supieron, oigan, y aprendan a temer a Jehová vuestro Dios todos los días que viviereis sobre la tierra adonde vais, pasando el Jordán, para tomar posesión de ella."

La ley fue dada por medio de Moisés. Dice Juan 1:17. Esta tenía que ser dada a todas las generaciones venideras. Moisés debía dejarla escrita para que la leyeran y la vivieran. Entonces la encomendó a los sacerdotes y a los ancianos. La original la puso dentro del arca, pero las copias fueron puestas en las manos de quienes tendrían la responsabilidad de pasarla a las generaciones futuras

Él dijo que cada siete años se debía leer toda la ley, en la fiesta de los Tabernáculos. Debían leerla a todos los hombres, mujeres, niños y extranjeros. Todos debían conocerla para obedecer sus mandamientos, estatutos y leyes.

Verso 14-18 "Y Jehová dijo a Moisés: He aquí se ha acercado el día de tu muerte; llama a Josué, y esperad en el tabernáculo de reunión para que yo le dé el cargo. Fueron, pues, Moisés y Josué al tabernáculo de reunión. Y se apareció Jehová en el tabernáculo, en la columna de nube; y la columna de nube se puso sobre la puerta del tabernáculo.

"Y Jehová dijo a Moisés: He aquí tú vas a dormir con tus padres, y este pueblo se levantará y fornicará tras los dioses ajenos de la tierra a donde va para estar en medio de ella; y me dejará, e invalidará mi pacto que he concertado con él;

"Y se encenderá mi furor contra él en aquel día; y los abandonaré, y esconderé de ellos mi rostro, y serán consumidos; y vendrán sobre ellos muchos males y angustias, y dirán en aquel día: ¿No me han venido estos males porque no está mi Dios en medio de mí?

Pero ciertamente yo esconderé mi rostro en aquel día, por todo el mal que ellos habrán hecho, por haberse vuelto a dioses ajenos."

La mayoría de los israelitas de aquella generación habían nacido en el desierto. Ellos estaban acostumbrados a la nube, al maná, al tabernáculo, a la presencia de Jehová en sus medios. Ahora iban a entrar en la tierra prometida, pero ellos no sabían que ya no tendrían el tabernáculo, ni la nube, ni los sacerdotes, ni a Moisés, con ellos. Como Jehová nunca había estado lejos de ellos, no conocían lo que era estar sin él.

El tabernáculo se establecería en Silo, una ciudad de Efraín, pero el resto del pueblo sólo tendría levitas para recordarle la Palabra de Jehová. Ellos iban a ser sus ministros. Jehová le dice a Moisés que el pueblo irá tras dioses ajenos, que violarán el pacto, y que él esconderá de ellos el rostro, y sufrirían grandes males. Esto es lo que le sucede al creyente que se va tras el mundo, que es idolatría espiritual.

Verso 19-22: "*Ahora, pues, escribíos este cántico, y enséñalo a los hijos de Israel; ponlo en la boca de ellos, para que este cántico me sea por testigo contra los hijos de Israel. Porque yo los introduciré en la tierra que juré a sus padres, la cual fluye leche y miel; y comerán y se saciarán, y engordarán; y se volverán a dioses ajenos y les servirán, y me enojarán, e invalidarán mi pacto.*

"*Y cuando les vinieren muchos males y angustias, entonces este cántico responderá en su cara como testigo, pues será recordado por la boca de sus descendientes; porque yo conozco lo que se proponen de antemano, antes que los introduzca en la tierra que juré darles. Y Moisés escribió este cántico aquel día, y lo enseñó a los hijos de Israel.*"

El cántico divinamente inspirado quedaría como un sello en el corazón de los israelitas. El conocimiento humano nos ha dado algunos medios de comunicar conocimientos de bien y de mal; leyes, historias, proverbios, novelas, dramas, cánticos y medio audio visuales. Así también la sabiduría divina echa mano de las Escrituras, de todas las figuras, y medios de expresión para que los ignorantes no tengan excusa.

Verso 23-27: *"Y dio orden a Josué hijo de Nun, y dijo: Esfuérzate y anímate, pues tú introducirás a los hijos de Israel en la tierra que les juré, y yo estará contigo.*

Y cuando acabó Moisés de escribir las palabras de esta ley en un libro hasta concluirse, dio órdenes Moisés a los levitas que llevaban el arca del pacto de Jehová, diciendo: Tomad este libro de la ley, y ponedlo al lado del arca del pacto de Jehová vuestro Dios, y esté allí por testigo contra ti. Porque yo conozco tu rebelión, y tu dura cerviz; he aquí que aun viviendo yo con vosotros hoy, sois rebeldes a Jehová; ¿cuánto más después que yo haya muerto?"

Moisés había estado escribiendo este libro de la ley, por cuarenta años. Este es el libro de las leyes y estatutos divinos. Ahora los levitas debían ponerlo al lado del arca del pacto. Los diez mandamientos habían estado por 40 años dentro del arca. La Tora, se compone de los libros de Génesis, Éxodo, Levítico, Números y Deuteronomio. Fueron escritos sobre piel de cordero, con tinta, en el idioma hebreo.

El contiene 603, 550 letras, escritas a mano. Así también fueron escritas las copias, aun las que vemos en las sinagogas judías. Ella se conoce como también como "el Rollo." Cuando el Rollo está muy viejo, los judíos lo entierran con una ceremonia.

Verso 28-30: *"Congregad a mí todos los ancianos de vuestras tribus, y a vuestros oficiales, y hablaré en sus oídos estas palabras, y llamaré por testigos contra ellos a los cielos y a la tierra.*

"Porque yo sé que después de mi muerte, ciertamente os corromperéis y os apartaréis del camino que os he mandado; y que os ha de venir mal en los postreros días, por haber hecho mal ante los ojos de Jehová, enojándole con la obra de vuestras manos. Entonces habló Moisés a oídos de toda la congregación de Israel las palabras de este cántico hasta acabarlo."

Moisés mandó a llamar a los ancianos de la congregación, y a todos los oficiales. Entonces los amonestó diciéndole que sus descendientes se corromperían y se apartarían del camino de Dios.

CÁNTICO DE MOISES

CAPÍTULO # 32

1-4: "Escuchad, cielos, y hablaré; Y oiga la tierra los dichos de mi boca. Goteará como lluvia mi enseñanza; Destilará como el rocío mi razonamiento; Como la lluvia sobre la grama, Y como las gotas sobre la hierba; Porque el nombre de Jehová proclamaré. Engrandeced a nuestro Dios. Él es la Roca, cuya obra es perfecta, Porque todos sus caminos son rectitud; Dios de verdad, y sin ninguna iniquidad en él; Es justo y recto."

Moisés recibe de Dios la inspiración de este cántico. El mismo es una profecía acerca de la vida de Israel. El llama por testigos al cielo y a la tierra. Él se refiere aquí a la Palabra de Dios. Ella cae sobre los hombres como una lluvia mansa, como el rocío que cae suave y desapercibido, como llovizna sobre la hierba, que da vida a las plantas recién nacidas.

Es lluvia de bendición que añade una gran responsabilidad para quien se endurece y se vuelve impermeable a la gracia, produciendo abrojos y espinos de maldad, en lugar de buena cosecha de los frutos del Espíritu.

Este es un cántico de instrucción. El mismo comienza con la alabanza por las maravillas de Dios, la Roca, cuya obra es perfecta. Esto nos habla de Cristo, la Roca de los siglos, la piedra angular de la Iglesia, por cuya obra ha venido a existencia, no sólo la creación, sino también su Iglesia.

Verso 5-8: "La corrupción no es suya; de sus hijos es la mancha, Generación torcida y perversa. ¿Así pagáis a Jehová, Pueblo loco e ignorante? ¿No es él tu padre que te creó? Él te hizo y te estableció. Acuérdate de los tiempos antiguos, Considera los años de muchas generaciones; Pregunta a tu padre, y él te declarará. A tus ancianos, y ellos te dirán. Cuando el Altísimo hizo heredar a las naciones, Cuando hizo heredar a los hijos de los hombres, Estableció límites a los pueblos Según el número de los hijos de Israel."

Moisés se dispone a proclamar el nombre del Dios Altísimo para que no se ocurra al pueblo cambiarlo por los dioses falsos. El pueblo era una generación torcida y perversa, un pueblo provocador por su ingratitud, e ignorante. Dios ha sido con ellos como un Padre. Esto debe recordarle al creyente que fue Cristo quien le compró a precio de sangre, quien le redimió de la autoridad de las tinieblas, donde había estado cautivo, caminando sonriente hacia el infierno, sin darse cuenta del abismo que se abría a sus pies. Que pregunten a los ancianos creyentes, para ser instruidos por ellos. Es responsabilidad de los ancianos de la Iglesia instruir a los jóvenes en justicia.

Verso 9-14: "Porque la porción de Jehová es su pueblo; y Jacob la heredad que le tocó. Le halló en tierra de desierto, Y en yermo de horrible soledad; Lo trajo alrededor, lo instruyó, Lo guardó como a la niña de su ojo. Como el águila que excita su nidada, Revolotea sobre sus pollos, Extiende sus alas, los toma, Los lleva sobre sus plumas, Jehová solo le guio, Y con él no hubo dios extraño.

"Le hizo subir sobre las alturas de la tierra, y comió frutos del campo, E hizo que chupase miel de la peña, Y aceite del duro pedernal. Mantequilla de vacas, y leche de ovejas, Con grosura de corderos, Y carneros de Basán; también machos cabríos, Con lo mejor del trigo; y de la sangre de la uva bebiste vino."

Aquí Moisés describe cómo el Señor los cruzó el Mar Rojo en alas de ángeles. (Éxodo 19:4) Cuando Dios dividió los pueblos de la tierra, se reservó una tierra para el pueblo de Israel en proporción a su número. El hizo una nación bien organizada. Ellos eran como el primogénito que llega a la mayoría de edad y entra en posesión de su herencia. Dios halló a Israel en el desierto como a un niño abandonado y esquelético, destinado a morir de hambre y de sed. Entonces se les presentó como un viajero rico, poderoso y misericordioso y lo tomó bajo su cuidado protector.

Realmente la nación nació en el desierto, fue criado y educado. Su condición era desesperada. La mayoría de ellos eran ignorantes de las cosas divinas; eran ineptos para entenderlas, volubles y antojadizos.

Dios los trajo alrededor suyo y los instruyó. Los guio por la columna de nube, pero no los introdujo a Canaán enseguida por su incredulidad. Claro que esto estaba planeado por Dios. Los obligó a caminar 40 años hasta educarlos. Con esta prueba los ejercitó en tener paciencia y en depender de Dios. También los acostumbró a la dureza del desierto.

Ya dos tribus y media estaban establecidas en la tierra al este del Jordán. Pronto el resto de las tribus estarían establecidas en Canaán. Allí habían de disfrutar de todo lo bueno. Miel de la peña, aceite del pedernal. De las rocas les daría miel, y el terreno arenoso de Canaán era especial para los olivos. Pastos, mieses y viñedos. Aquella tierra era famosa por la exquisita calidad de sus productos. Esto es tipo y figura de las abundantes y valiosísimas riquezas que el creyente posee en Cristo, especialmente el pan de su cuerpo, el vino de su sangre y el aceite de su Espíritu.

Verso 15-18: "Pero engordó Jesurún, y tiró coces, (Engordaste, te cubriste de grasa); Entonces abandonó al Dios que lo hizo, Y menospreció la Roca de su salvación. Le despertaron a celos con los dioses ajenos; Lo provocaron a ira con abominaciones. Sacrificaron a los demonios, y no a Dios; A dioses que no habían conocido, A nuevos dioses venidos de cerca, Que no habían temido vuestros padres. De la Roca que te creó te olvidaste; Te has olvidado de Dios tu creador."

Aquí tenemos dos hechos notables de la perversidad en que caería el pueblo enseguida que llegara a Canaán. La abundancia y la prosperidad iban a ser ocasión para que se sintieran auto suficientes y se volvieran sensuales y orgullosos. Dios lo llama Jesurún, que significa "Recto."

Como buen engordado, comenzaría a dar patadas, se volvería intratable y se negaría llevar el yugo de su amo. Con furia Israel perseguiría a los profetas que Dios les enviara, y con esa misma furia le perseguiría a Él cuándo viniera a ellos hasta que los crucificaran en la cruz.

El honor que debían ofrecer a Dios, se lo ofrecerían a dioses ajenos, dioses muertos que nada harían por ellos, porque eran inventos humanos, y los demonios recibirían sus ofrendas y sus sacrificios. El término hebreo usado aquí para demonios es, "Shedim"; y viene del asirio, "Shidu"; que describía las imágenes de los semidioses encarnados en figuras de animales enormes que decoraban los frentes y las escaleras de los palacios.

Verso 19-25: "Y lo vio Jehová, y se encendió en ira por el menosprecio de sus hijos y sus hijas. Y dijo: Esconderé de ellos mi rostro, veré cuál será su fin; Porque son una generación perversa, Hijos infieles.

"Ellos me movieron a celos con lo que no es Dios; Me provocaron a ira con sus ídolos; Yo también los moveré a celos con un pueblo que no es pueblo, Los provocaré a ira con una nación insensata.

"Porque luego se ha encendido en mi ira, Y arderá hasta las profundidades del Seol; Devorará la tierra y sus frutos, y abrasará los fundamentos de los montes. Yo amontonaré males sobre ellos; Emplearé en ellos mis saetas. Consumidos serán de hambre, y devorados de fiebre ardiente y de peste amarga; Diente de fieras enviaré sobre ellos, Con veneno de serpientes de la tierra. Por fuera desolará la espada, y dentro de las cámaras el espanto; Así al joven como a la doncella, Al niño de pecho como al hombre cano."

El cántico sigue el mismo curso que las predicciones del capítulo anterior. Dios se había deleitado en ellos, pero ahora los va a rechazar. Aquí aprendemos que mientras más cerca está el creyente de Dios, más se siente Dios si se aparta y se va al pecado. El Señor dice que se apartará de ellos y los mirará de lejos para ver en que vienen a parar.

Dios les había hecho fácil el camino de la obediencia, pero ahora en el pecado llevarán el castigo. Ellos iban a provocar a Dios a celos con dioses que no eran Dios, y él los provocaría a celos con un pueblo que no era pueblo. 1 Pedro 2:9-10 dice claramente que los gentiles que se han incorporado por la fe a la Iglesia del Señor, no eran pueblo. Es la Iglesia la que ha provocado a celos a los judíos. Los castigos que le vendrían a los israelitas rebeldes serían la guerra, el hambre y las bestias de la tierra. ¿Desea ver bestia más salvaje que Hitler y los que han perseguido a los judíos a través de los siglos?

Verso 26-34: "Yo había dicho que los esparciría lejos, Que haría cesar de entre los hombres la memoria de ellos, De no haber temido la provocación del enemigo, No sea que se envanezcan sus adversarios, No sea que digan: Nuestra mano poderosa Ha hecho todo esto, y no Jehová. Porque son nación privada de consejos, Y no hay en ellos entendimiento.

"¡Ojalá fueran sabios, que comprendieran esto, Y se dieran cuenta del fin que les espera! ¿Cómo podría perseguir uno a mil, y dos hacer huir a diez mil, Si su Roca no los hubiera entregado? Porque la roca de ellos no es como nuestra Roca. Y aun nuestros enemigos son de ello jueces.

"Porque la vid de Sodoma es la vid de ellos, Y los campos de Gomorra. Las uvas de ellos son uvas ponzoñosas, Racimos muy amargos tienen. Veneno de serpientes es su viña, Y ponzoña cruel de áspides. ¿No tengo yo esto guardado conmigo Y sellado en mis tesoros?"

Note que todas las amenazas del Señor a su pueblo, son para amonestarlos para que no sigan el mal, sino para que se acerquen a él. Él dice que se compadecerá de ellos para no exterminarlos por completo, para que el enemigo no se vaya a creer que ha sido él quien los ha exterminado.

Dios usaría vara de hombres para castigarlos. El Señor deseaba que los israelitas fueran sabios y se dieran cuenta del fin que les esperaba por ser desobedientes. Sus mismos enemigos se darían cuenta que su Dios los había entregado en sus manos.

El argumento es que los dioses de las naciones que ha de usar para castigarlos, no son dioses. Los pecados de esas naciones son como los de Sodoma y Gomorra. Que lo bueno que tienen es comparado a uvas y vino venenoso. ¿Por qué imitarlos y adorar sus dioses? Pero los israelitas no eran sabios.

Así muchos creyentes, especialmente los que han nacido en hogares cristianos, son tentados a probar los bocados que el mundo le ofrece, a sabiendas que son venenosos y que con el bocado entra Satanás. Sin embargo, muchos son atraídos por la curiosidad y arrastrados al abismo por el engaño satánico.

Verso 35-39: "Mía es la venganza y la retribución; A su tiempo su pie resbalará, Porque el día de su aflicción está cercano, y lo que les está preparado se apresura. Porque Jehová juzgará a su pueblo, Y por amor a sus siervos se arrepentirá, Cuando viere que la fuerza pereció, y que no queda siervo ni libre. Y dirá: ¿Dónde están sus dioses, La roca en que se refugiaban? Que comían la grosura de sus sacrificios, ¿Y bebían el vino de sus libaciones? Levántense, que os ayuden y os defiendan."

Es cierto que el pueblo ha provocado mucho al Señor, pero sigue siendo su pueblo. La misma miseria en que se encontrarían los hijos de Israel, apelaría a la misericordia de Dios.

Esto lo vemos claro en el libro de los Jueces, cuando Dios les levantaba jueces que los libertaran de sus enemigos y le dieran cierto descanso. Él le pregunta al pueblo: ¿dónde están tus dioses falsos? Esto los debía poner a pensar que los dioses falsos no habían hecho nada por ellos.

Es cierto que los demonios que actuaban en los dioses falsos, hacían prodigios y señales mentirosas, como las de los espiritistas hoy día, para engañar, si fuera posible, a los escogidos; pero cuando la burbuja de jabón se explota, no queda nada.

Verso 39: "Ved ahora que yo, yo soy, Y no hay dioses conmigo; Yo hago morir, y yo hago vivir; Y no hay quien pueda librar de mi mano."

Aquí el Gran Dios de Israel demanda la gloria de su auto existencia: Él dice: Sólo Yo soy Dios. Él es el mismo "Yo Soy El que Soy", que se había manifestado a Moisés desde la zarza ardiente. Él es el mismo que dijo en Apocalipsis 1:8, "Yo soy el Alpha y la Omega, principio y fin, dice el Señor: el que es, el que era y que ha de venir, el Todopoderoso." O el Shadday.

Dios señala aquí su supremacía única. "No hay dioses conmigo." Ni para ayudarme, porque no los necesito; ni para acompañarme, porque no están a mi altura. Cristo dijo; *"Toda potestad me ha sido dada en el cielo y en la tierra."* Ahora le oímos decir: *"Yo hago morir y yo hago vivir, Yo hiero y yo sano."* Todo el poder está en su mano. ¿Quién podrá librar de la mano de Cristo?

Verso 40-42: "Porque yo alzaré a los cielos mi mano, Y diré: Vivo yo para siempre, Si afilare mi reluciente espada, Y echare mano del juicio, Yo tomaré venganza, Yo tomaré venganza de mis enemigos, Y daré retribución a los que me aborrecen.

"Embriagaré de sangre mis saetas, Y mi espada devorará carne; En la sangre de los muertos y de los cautivos, En las cabezas de larga cabellera del enemigo. Alabad, naciones, a su pueblo, Porque él vengará la sangre de sus siervos, Y tomará venganza de sus enemigos, Y hará expiación por la tierra de su pueblo."

Note que a pesar que Dios no tenía derecho legal sobre los paganos, que estaban bajo el poder del diablo, (Juan 14:30, 1 Juan 5:19), tenía derecho legal al pueblo israelita por causa del pacto. Es por eso que le vemos derrotando ejércitos enemigos en favor de los israelitas.

Sin embargo, vemos a Jesús resucitado, habiendo derrotado al diablo legalmente, salvando legalmente a toda persona que le acepte como Salvador, y entre en el pacto en su sangre, no importa de la nacionalidad que sea.

Verso 44- "Vino Moisés y recitó todas las palabras de este cántico a oídos del pueblo, él y Josué hijo de Nun."

Moisés, representando la ley, y Josué representando la gracia, recitaron el cántico al pueblo. Dios defendería al pueblo israelita de sus enemigos, pero cuando vino a derramar la sangre del pacto en la cruz, derrotó al diablo que controlaba al mundo entero.

Verso 45-47: "*Y acabó Moisés de recitar todas estas palabras a todo Israel; y les dijo: Aplicad vuestro corazón a todas las palabras que yo os testifico hoy, para que las mandéis a vuestros hijos, a fin de que cuiden de cumplir todas las palabras de esta ley. Porque no os es cosa vana; es vuestra vida, y por medio de esta ley haréis prolongar vuestros días sobre la tierra adonde vais, pasando el Jordán, para tomar posesión de ella.*"

Aparentemente Moisés leyó el cántico a una parte del pueblo, y Josué a la otra. Moisés iba a morir, y Josué iba a ser su caudillo. La orden del cántico al pueblo es para que guarden las palabras que Dios les ha hablado. Note que se las da en cántico, que todos deben aprender. Es un hecho real que aprendemos con más facilidad los cánticos que los poemas.

Una de las armas más poderosas que el diablo usa contra nosotros son los cánticos, y las músicas. Ellas son contagiosas y penetran en la mente de los jóvenes con una facilidad asombrosa. La música diabólica contagia a los creyentes también. La única forma de echarla fuera de la mente es, con la misma tonada, cambiar las palabras a "Gloria a Dios, Aleluya."

En el guardar la palabra de la ley les iba la vida a los israelitas. Uno podría pensar que con estas amenazas, y las instrucciones que se le dio a los padres de enseñarlas a sus hijos, por generaciones se mantendrían alejados de la idolatría, pero no fue así.

SE LE PERMITE A MOISES CONTEMPLAR LA TIERRA DE CANAAN

Verso 48-52: "*Y habló Jehová a Moisés, aquel mismo día, diciendo: Sube a este monte de Abarín, al monte Nebo, situado en la tierra de Moab que está frente a Jericó, y mira la tierra de Canaán, que yo doy por heredad a los hijos de Israel; y muere en el monte al cual subes, y sé unido a tu pueblo, así como murió Aarón en el monte Hor, y fue unido a su pueblo; por cuanto pecasteis contra mí, en medio de los hijos de Israel, en las aguas de Meriba en Cades, en el desierto de Zin; porque no me santificasteis en medio de los hijos de Israel. Verás, por tanto, delante de ti la tierra; mas no entrarás allá, a la tierra que doy a los hijos de Israel."*

El testigo de Dios ha terminado su testimonio. Ahora debe subir al monte Nebo a morir. Él tendría el privilegio de ver la tierra desde la cumbre del monte, pero no el de entrar a ella. El pecado de Moisés fue el de engrandecer el nombre de Jehová ante el Faraón, pero no delante del pueblo. Él había golpeado lo peña, a la cual debía haber hablado. Sin embargo, el Señor sabía que Moisés, y la ley, no podían pasar el pueblo el Jordán, sino Josué, tipo de Cristo y la Gracia.

MOISES BENDICE A LAS DOCE TRIBUS DE ISRAEL

1-2: "Esta es la bendición con la cual bendijo Moisés, varón de Dios a los hijos de Israel. Dijo: Jehová vino de Sinaí, Y de Seir le esclareció; Resplandeció desde el monte de Parán, Y vino entre diez millares de santos, Con la ley de fuego a su mano derecha."

Moisés había terminado su cometido con el pueblo, ahora les daba la bendición de despedida. Él había disparado truenos y centellas a

Israel por su pecado, pero ahora se despide con una bendición para que sepan que no se va a la muerte airado. Dios vino en a la tierra en el Sinaí en forma gloriosa, acompañado de diez mil ángeles. Estos eran los que estaban en el monte con sus dardos de fuego para dar muerte a hombre o animal que tocara el monte. Estos ángeles son los que guardan el trono de Dios.

Verso 3-5: "Aún amó a su pueblo; Todos los congregados a él estaban en su mano; Por tanto ellos siguieron en tus pasos, Recibiendo dirección de ti, Cuando Moisés nos ordenó una ley, Como heredad a la congregación de Jacob. Y fue rey en Jesurún, Cuando se congregaron los jefes del pueblo. Con las tribus de Israel."

Los israelitas al pie del monte, eran como estudiantes a los pies del maestro. Allí Dios les dio la ley de fuego, los estatutos y mandamientos que debían regirlos como nación. También les dio sacerdotes, maestros y legisladores, ancianos y jueces para gobernar su vida política y religiosa.

Verso 6: "Viva Rubén, y no muera; Y no sean pocos sus varones."
El nombre de Rubén significa: "Ved, un hijo." Aunque Rubén había perdido el honor de la primogenitura, Moisés comienza con él. La bendición era porque se mantuviera firme y fuerte al otro lado del Jordán, tan cerca de sus enemigos.

Es de notar la omisión de Simeón. Su nombre significa: "él oye." Algunos piensan que esto se debió a que Jacob lo maldijo en su lecho de muerte. Sin embargo a Leví también lo maldijo, pero Leví puso mucho de su parte, De él descendieron Aarón, Moisés y María, Simeón no hizo nada por librarse del reproche.

Fue disminuido en el desierto más que ninguna otra tribu, y de esa tribu descendía el malvado Zimri. Otros dicen que la omisión de Simeón se debe a que su heredad consistía de sólo 19 ciudades desconectadas entre sí y diseminadas por todo el territorio de Judá, de quien vino a ser un apéndice.

Verso 7: "Y esta bendición profirió para Judá. Dijo así: Oye, oh Jehová, la voz de Judá, Y llévalo a su pueblo; Sus manos le basten, Y tú seas su ayuda contra sus enemigos."

Judá sería el primero en entrar en Canaán. Durante algún tiempo, el territorio conquistado por ellos estaría rodeado de cananeos. Ellos eran los "Marines" del ejército de israelita. De ellos vendría Cristo. "Sus manos le basten" Judá necesitaba la ayuda especial de Dios, ya que iba a luchar él solo por todo Israel. Esto se cumplió en Cristo, quien luchó él solo contra Satanás y sus huestes en favor del Israel espiritual. El nombre de Judá significa: "Alabanza."

Verso 8-11: A Leví dijo: Tú Tumim y tú Urim, sean para ti varón piadoso, A quien probaste en Masah, con quien contendiste en las aguas de Meriba, Quien dijo de su padre y de su madre: Nunca os he visto; Y no reconoció a sus hermanos, Ni a sus hijos conoció; Pues ellos guardaron tus palabras, Y cumplieron tu pacto.

"Ellos enseñarán tus juicios a Jacob, Y tu ley a Israel; Pondrán el incienso delante de ti, Y el holocausto sobre tu altar. Bendice, Oh Jehová, lo que hicieren, Y recibe con agrado la obra de sus manos; Hiere los lomos de sus enemigos, Y de los que le aborrecieren, para que nunca se levanten:"

La bendición de Leví se extiende un poco más. El Sumo Sacerdote es llamado aquí; "varón piadoso." Su oficio era de piedad y santidad. La mención de Meriba, puede significar que Dios pudo haber desechado el sacerdocio. Moisés ora porque el Urim y Tumim nunca les sean quitados a los sacerdotes. Sin embargo, estos dos contenidos del pectoral se perdieron en la cautividad de Judá a Babilonia, y no se han encontrado más.

Moisés recuerda cuando bajó del monte y vio el becerro de oro que habían hecho los israelitas, que él destruyó, por lo que el pueblo se levantó contra él; los únicos que se unieron a él fueron de la tribu de Leví.

Los levitas fueron comisionados a enseñar a las tribus la ley de Jehová. Sus sacerdotes presentarían las ofrendas y los sacrificios a Dios, y el sumo sacerdote sería el intercesor y representante del pueblo ante Dios. Si el sumo sacerdote fallaba, el pueblo quedaba sin protección.

Verso 12: "A Benjamín dijo: El amado de Jehová habitará confiado cerca de él; lo cubrirá para siempre, Y entre sus hombros morará."

El nombre de Benjamín fue primero "Benoni", que significa; "Hijo de mi tristeza." Jacob le cambió el nombre a Benjamín, que significa: "Hijo de mi mano derecha." A Benjamín se le menciona inmediatamente después de Leví, porque parte del Templo iba a estar en territorio de Benjamín, y el atrio en territorio de Judá. Moisés lo llama: "El amado de Jehová." Esto es porque era el amado de Jacob. Él dice que Dios morará en sus hombros, porque el monte Sion estaba sobre el territorio de Judá, pero el monte Moriah, en su mayor parte estaba en territorio de Benjamín.

Verso 13-17: "A José dijo: Bendita de Jehová sea tu tierra, Con lo mejor de los cielos, con el rocío, Y con el abismo que está abajo. Con los más escogidos frutos del sol, Con el rico producto de la luna, Con el fruto más fino de los montes antiguos, Con la abundancia de los collados eternos, Y con las mejores dádivas de la tierra y su plenitud; Y la gracia del que habitó en la zarza. Venga sobre la cabeza de José, y sobre la frente de aquel que es príncipe entre sus hermanos.

"Como el primogénito de su toro es su gloria, Y sus astas como astas de búfalo; Con ellas acorneará a los pueblos juntos hasta los fines de la tierra: Ellos son los diez millares de Efraín, Y ellos los millares de Manasés."

Los territorios que le cayeron en suerte a Efraín y Manasés, eran muy fértiles. Efraín recibió la bendición de la primogenitura, que legalmente le pertenecía a José. Jacob adoptó a los hijos de José, por ser hijos de una mujer pagana. La tribu de Efraín fue más grande y más fuerte que la de Manasés. Cuando los profetas hablan de Efraín, están refiriéndose a las diez tribus. Cuando hablan de Judá, se están refiriendo también a la de Benjamín.

Verso 18-19: "A Zabulón dijo: Alégrate Zabulón, cuando salieres, y tú, Isacar, en tus tiendas. Llamarán a los pueblos a su monte; Allí sacrificarán sacrificios de justicia, Por lo cual chuparán la abundancia de los mares Y los tesoros escondidos de la arena."

Zabulón recibió la bendición de los mares. Esta iba a ser una tribu negociante y pesquera. Isacar viviría en sus tiendas, una vida pacífica de agricultores. Note que Dios repartiría las tierras en forma equitativa. Una tribu, pesquera; otras, dedicadas a la agricultura; otras, a los ganados; otra, a la milicia, otra a los libros. Los tesoros escondidos de la arena, parece referirse a que los de la tribu de Isacar se dedicaban a la construcción de objetos de vidrio, que se hacía en Acre, una de las ciudades de Isacar.

Verso 20-21: "A Gad dijo: Bendito el que hizo ensanchar a Gad; Como león reposa, Y arrebata brazo y testa. Escoge lo mejor de la tierra para sí, Porque allí le fue reservada la porción del legislador. Y vino en la delantera de su pueblo; Con Israel ejecutó los mandatos y los justos decretos de Jehová."

El nombre de Gad significa: "Fortuna." Aquí está la profecía de que Dios iba a ensanchar a Gad. Efectivamente su territorio al este del Jordán llegó a ser el más grande por el éxito que tuvo contra los agarenos; 1 Crónicas. 5:19. Que había de ser una tribu de hombres valientes y victoriosos. Ellos fueron de gran ayuda en la conquista de Canaán.

Verso 22: "A Dan dijo: Dan es cachorro de león que salta desde Basán." El nombre de Dan significa: "El que juzga." Jacob en su bendición le había comparado con una serpiente por su astucia. Moisés lo compara con un león por su valentía. Él es comparado a los cachorros de león que salta sobre Basán, un territorio famoso por sus leones fieros.

Sansón era de la tribu de Dan. En Jueces 17- 18:7-27 dice que un grupo de Danitas cayeron sobre Lais por sorpresa y mataron los hombres de la ciudad. Esta tribu no aparece en Apocalipsis. 7. Algunos dicen que esta tribu fue la primera en hundirse en la idolatría. Ella fue la que quedó más lejos del santuario, se fue apocando en número y fue absorbida por la tribu de Neftalí, su hermano de padre y madre.

Verso 23: "A Neftalí dijo: Neftalí, saciado de favores, Y lleno de la bendición de Jehová, Posee el occidente y el sur:" El nombre de Neftalí significa "contención." Jacob había descrito a Neftalí como una cierva suelta, por la gracia de su porte que pronunciaría dichos hermosos. Efectivamente, los hombres de Neftalí brillaban por su elocuencia.

Dicen los judíos que la porción de Neftalí era tan fértil que eran los primeros en traer las primicias al templo. En tiempos de Cristo ya las tierras de Zabulón y Neftalí se habían unido. (Mateo 4:15.) En aquella tierra estaba Galilea.

Verso 24-25: "A Aser le dijo: Bendito sobre los hijos sea Aser; Sea el amado de los hermanos, y moje en aceite su pie. Hierro y bronce serán tus cerrojos, Y como tus días serán sus fuerzas."

El nombre de Aser significa: Feliz. Su tierra era famosa por la abundancia de olivos. En el subsuelo abundan las minas de hierro y bronce. Como ellos estaban tan al norte, tenían que tener buenas defensas contra los enemigos de sus fronteras.

Cuando Cristo alimentó las multitudes, lo hizo en territorio de Aser, para que se cumpliera la profecía de Gén. 49: 20, que dice: "El pan de Aser será substancioso, Y él dará deleites al Rey."

Verso 26-28: "No hay como el Dios de Jesurún, Quien cabalga sobre los cielos para tu ayuda. Y sobre las nubes con su grandeza. El eterno Dios es tu refugio, Y acá abajo los brazos eternos; El echó de delante de ti al enemigo, Y dijo: Destruye. E Israel habitará confiado, la fuente de Jacob habitará sola En tierra de grano y de vino; También sus cielos destilarán rocío."

La alabanza al Dios del pacto. Los dioses de los paganos habían sido inventados recientemente, y pronto desaparecerían. Mas el Dios de Israel, pelea por su pueblo. El echaría a sus enemigos de delante de su pueblo. Cuando diera la orden de destruir, ya él habría derrotado los demonios que controlaban a las naciones, y entonces el pueblo destruiría a los enemigos.

Verso 29: "Bienaventurado tú, Oh Israel. ¿Quién como tú, Pueblo salvo por Jehová, Escudo de tu socorro, y espada de tu triunfo? Así que tus enemigos serán humillados, Y tú hollarás sobre sus alturas."

¡No hay pueblo como Israel! Después de haber pronunciado su bendición a cada una de las tribus, Moisés pronuncia su bendición sobre todo Israel, el pueblo salvo por Jehová, tipo del Israel espiritual, el pueblo salvo por Cristo. El eterno Dios es su refugio. Nunca hubo un pueblo tan bien establecido y protegido. Nunca hubo un pueblo tan bien sostenido, conducido y mandado en batalla. El Señor echó de delante de él sus enemigos para hacerle lugar a Israel.

Todas estas bendiciones tienen su cumplimiento completo en el creyente. Cristo ha echado fuera a los principados, gobernadores y potestades que había en los lugares celestes, para darle lugar a la Iglesia, para que ella habite con Cristo en las mansiones celestes.

MUERTE Y SEPULTURA DE MOISES
CAPÍTULO 34

1-3: "Subió Moisés de los campos de Moab al Monte Nebo, a la cumbre de Pisga, que está enfrente a Jericó; y le mostró Jehová toda la tierra de Galaad hasta Dan, todo Neftalí, y la tierra de Efraín, toda la tierra de Judá hasta el mar occidental, el Neguev, y la llanura, la vega de Jericó, ciudad de las palmeras hasta Zoar."

Moisés subió a la cumbre del monte Nebo, uno de los picos de las montañas del Pisga, como subiendo para el cielo. Israel quedaba abajo, acampado en las llanuras de Moab, mientras Moisés ascendía. Suponemos que se despidió de Eleazar, el sumo sacerdote, y de Josué, y de sus hijos que le despidieron en la falda del monte, pero no a la cumbre.

Allá se dirigía gozoso de haber terminado su obra. Lejos de temerle a la muerte, subía por un camino empinado a hacerle frente. El alma del hombre recto va hacia arriba cuando deja el cuerpo. A cada uno de los creyentes nos dice Dios: Sube y muere, si no viene el Rapto pronto.

Ya en la cumbre, Moisés bajó los ojos para ver la Canaán terrestre, en la que nunca iba a entrar. Él iba al Seno de Abraham, a esperar la Redención en Cristo, (Hebreos 9:15), para luego entrar a la Canaán celestial.

El subió solo aparentemente, como Cristo, pero el Padre estaba con él. Desde el monte vio los bosques de Galaad, la cumbre de Hermón, Tabor, Ebal y Gerizín. También vio las alturas de Judá y Benjamín, Sión, Belén, Hebrón, Beerseba, y el Monte de los Olivos.

Verso 4-6: "Y le dijo Jehová: Esta es la tierra de que juré a Abraham, a Isaac y a Jacob, diciendo: A tu descendencia la daré. Te he permitido verla con tus ojos, mas no pasarás allá. Y murió allí Moisés siervo de Jehová, en la tierra de Moab, conforme al dicho de Jehová. Y lo enterró en el valle, en la tierra de Moab, enfrente de Baal peor; y ninguno conoce el lugar de su sepultura hasta hoy."

Debe haber sido duro para Moisés, no poder entrar a Canaán, después de las fatigas del desierto, pero se sometió al designio del Señor. Él era tipo de la dispensación de la ley, y no podía entrar en la dispensación de la gracia. Los judíos dicen que Dios le evitó la amargura de la muerte con un beso de sus labios. Aquí vemos que Dios, quien hizo al primer hombre de barro, le dio aliento de vida con un beso. Así, con un beso le lleva al hombre el espíritu que le dio.

Dios mismo sepultó a Moisés en una sepultura incógnita para que no hicieran de su cadáver un ídolo. Entre los Israelitas, salidos de Egipto había esclavos que sabían embalsamar. Pero Dios no lo permitió. De haberlo permitido, el pueblo hubiera prevaricado adorando su momia.

Verso 7-8: "Era Moisés de ciento veinte años cuando murió; sus ojos nunca se oscurecieron, ni perdió su vigor. Y lloraron los hijos de Israel a Moisés en los campos de Moab treinta días; y se cumplieron los días del lloro y del luto de Moisés."

Aunque Moisés era un anciano de ciento veinte años, su vista no disminuyó, tal vez para que pudiera escribir la Tora. Isaac perdió su vista para que pudiera darle la bendición de la primogenitura a Jacob. Dios siempre tiene un propósito; por eso tenemos que darle gracias a Dios por todo. *Verso 39: "Ved ahora que yo, yo soy, Y no hay dioses conmigo; Yo hago morir, y yo hago vivir; Y no hay quien pueda librar de mi mano."*

Aquí el Gran Dios de Israel demanda la gloria de su auto existencia: Él dice: Sólo Yo soy Dios. Él es el mismo "Yo Soy El que Soy", que se había manifestado a Moisés desde la zarza ardiente. Él es el mismo que dijo en Apocalipsis 1:8, "Yo soy el Alpha y la Omega, principio y fin, dice el Señor: el que es, el que era y que ha de venir, el Todopoderoso." O el Shadday.

Dios señala aquí su supremacía única. "No hay dioses conmigo." Ni para ayudarme, porque no los necesito; ni para acompañarme, porque no están a mi altura. Cristo dijo; *"Toda potestad me ha sido dada en el cielo y en la tierra."* Ahora le oímos decir: *"Yo hago morir y yo hago vivir, Yo hiero y yo sano."* Todo el poder está en su mano. ¿Quién podrá librar de la mano de Cristo?

Verso 40-42: "Porque yo alzaré a los cielos mi mano, Y diré: Vivo yo para siempre, Si afilare mi reluciente espada, Y echare mano del juicio, Yo tomaré venganza, Yo tomaré venganza de mis enemigos, Y daré retribución a los que me aborrecen.

"Embriagaré de sangre mis saetas, Y mi espada devorará carne; En la sangre de los muertos y de los cautivos, En las cabezas de larga cabellera del enemigo. Alabad, naciones, a su pueblo, Porque él

vengará la sangre de sus siervos, Y tomará venganza de sus enemigos, Y hará expiación por la tierra de su pueblo."

Note que a pesar que Dios no tenía derecho legal sobre los paganos, que estaban bajo el poder del diablo, (Juan 14:30, 1 Juan 5:19), tenía derecho legal al pueblo israelita por causa del pacto. Es por eso que le vemos derrotando ejércitos enemigos en favor de los israelitas.

Sin embargo, vemos a Jesús resucitado, habiendo derrotado al diablo legalmente, salvando legalmente a toda persona que le acepte como Salvador, y entre en el pacto en su sangre, no importa de la nacionalidad que sea.

Verso 9: "Y Josué hijo de Nun fue lleno de sabiduría, porque Moisés había puesto sus manos sobre él; y los hijos de Israel le obedecieron, e hicieron como Jehová mandó a Moisés."

Moisés había conducido al pueblo a la frontera de Canaán, y allí lo dejó para morir, indicando que la ley no llevó nada a la perfección. (Heb. 7:19.) Ella lleva al hombre al desierto de la convicción de pecado, pero no lo introduce en el Canaán del reposo y la paz permanente. Este honor estaba reservado a Josué- Jesús.

Verso 10-11: "Y nunca más se levantó profeta en Israel como Moisés, a quien haya conocido Jehová cara a cara; nadie como él en todas las señales y prodigios que Jehová le envió a hacer en tierra de Egipto, a Faraón y a todos sus siervos, y a toda su tierra, y en el gran poder y en los hechos grandiosos y terribles que Moisés hizo a la vista de todo Israel."

En el Antiguo Testamento no se levantó profeta como Moisés, con quien Dios hablaba cara a cara. Por medio de Moisés Dios moldeó la nación israelita. Por medio de los demás profetas, Dios envió represiones, instrucciones, promesas y predicciones. El último profeta, Malaquías dice: *"Acordaos de le ley de Moisés mi siervo."*

Tampa, Florida
ABRIL, 2016

Made in the USA
Charleston, SC
01 June 2016